東大院生が考えた スマートフォンFX

田畑 昇人
tabata shoto

扶桑社

前書き

こんにちは‼

僕は元々高校時代に偏差値34を叩き出すほど自堕落な人生を送っていました。

経歴だけ見ると、僕の人生は順風満帆に見えますが、そんなことはありません（笑）。

この本は、そんな僕がFXに出会い、挫折を繰り返しながらも決して諦めずに前に進んでいく物語となっています。

「こんなやつでもできたのなら、私も頑張ってみよう」と思っていただけたら幸いです。

もちろん、FXの本なので、投資のテクニックも各所に散りばめられています。

FXに初めて挑戦する方にも、できるだけわかりやすく、また中級者以上の方にも満足いただける内容で書いたつもりです。

僕がFXで知ったことは「ルールを知らないと必ず負ける」ということです。

これはFXに限らず、人生すべてにおいていえることです。

投資の世界は、アマチュアのテニスと似ています。プロとアマチュアの違いはなんでしょうか？

プロとアマのテニスを比較してみましょう。

プロのテニスは「勝者のゲーム」といわれます。そこでは、ゲームの結果は、勝者の行動によって決まるのです。勝利は、相手よりも多くの点をもぎとることによってもたらされます。

ですが、アマチュアの世界はこれとまったく異なります。ボールはしばしばネットに引っかかり、ナイスショットや長いラリーは滅多にありません。コートの外に出ます。ダブルフォルトも珍しくありません。ほとんどの場合、自滅してしまいます。勝った方は、相手よりもミスが少ないから勝つことができるのです。

プロのテニスは、ゲームの勝敗は勝者自身の行為によって決定されます。それに対し、アマチュアのテニスは「敗者のゲーム」といわれます。ゲームの結果は、敗者の側のミスによって決まるのです。


投資の世界もまったく一緒です。

金に目が眩んだ新参者が常に参入してくるのが、外国為替市場です。そこにはプロプレイヤーが、皆さんの大切なお金を虎視眈々と狙っていることも知らずに。

参入したばかりのプレイヤーは、アマチュアのテニスプレイヤーみたいなもの。プロは、アマチュアがミスをするのを待っているだけでいいのです。ルールも何も勉強せず、外国為替市場に繰り出せば、身ぐるみを一瞬にして剥がされます。


かつての僕がそうでした。

FX投資は自動車の運転にも似ているかもしれません。

自動車は、操作方法や交通ルールを知らないままに運転をすると、簡単に交通事故を引き起こしてしまいます。だから、国の法律で免許がない人は、自動車に乗ってはいけないことになっています。自動車免許をとるためには、教習所で実際に講習を受け、操作方法や交通ルールをきっちり学ぶ必要があります。そんなこともしないでいきなり路上に飛び出したら、交通事故に遭ってしまいます。


FXの世界でも一緒です。

まずはきっちりルールを学びましょう。

ルールを学ぼうとしない人は、とてつもなく高い代償を払うことになります。

この本では僕が為替市場でたくさんの授業料を支払って得たエッセンスが濃密に詰まっています。


為替市場は荒波が渦巻き、あなたの財産を虎視眈々と狙う海賊がたくさんいる世界だと思ってください。

ちょっと気を抜けば、隣の海賊にあなたの財産は盗られると思ってください。

この本が皆様の航海の羅針盤となるよう祈っています。

さあ、それでは為替市場という世界への冒険が始まります。

準備はいいですか？

Ｇｏｏｄ ｌｕｃｋ!!

田畑昇人

First chapter

Contents
目次

Fourth chapter

投資家の心理を読む

Contents
目次

Fifth chapter
投資家ほど自制心が必要な仕事はない

Sixth chapter

年利50%を可能にする実践トレード

Contents
目次

First chapter

9か月で1000万円を稼ぐまで

9か月で1000万円！

準備は整いました。

恐ろしいほどのリスクをとって用意した50万円の資金で僕は勝負に出ました。

3か月間、相場を研究し尽くしてからのリベンジ戦です。その結果は――。


1か月後に28万円増の78万円。

2か月後に59万円増の109万円。

3か月後には98万円増の148万円。


僕の研究の成果が間違いでないことは、口座残高がなによりも雄弁に証明してくれました。元手が少なかったこともあり利益はすべて口座に残しておき、複利で運用しました。

4か月後に174万円、5か月後に202万円、そして半年後には当初の6倍以上、313万円へと資金が増えていました。

7か月後487万円、8か月後に761万円……。

そして9か月後、節目と考えていた1000万円へと到達しました。

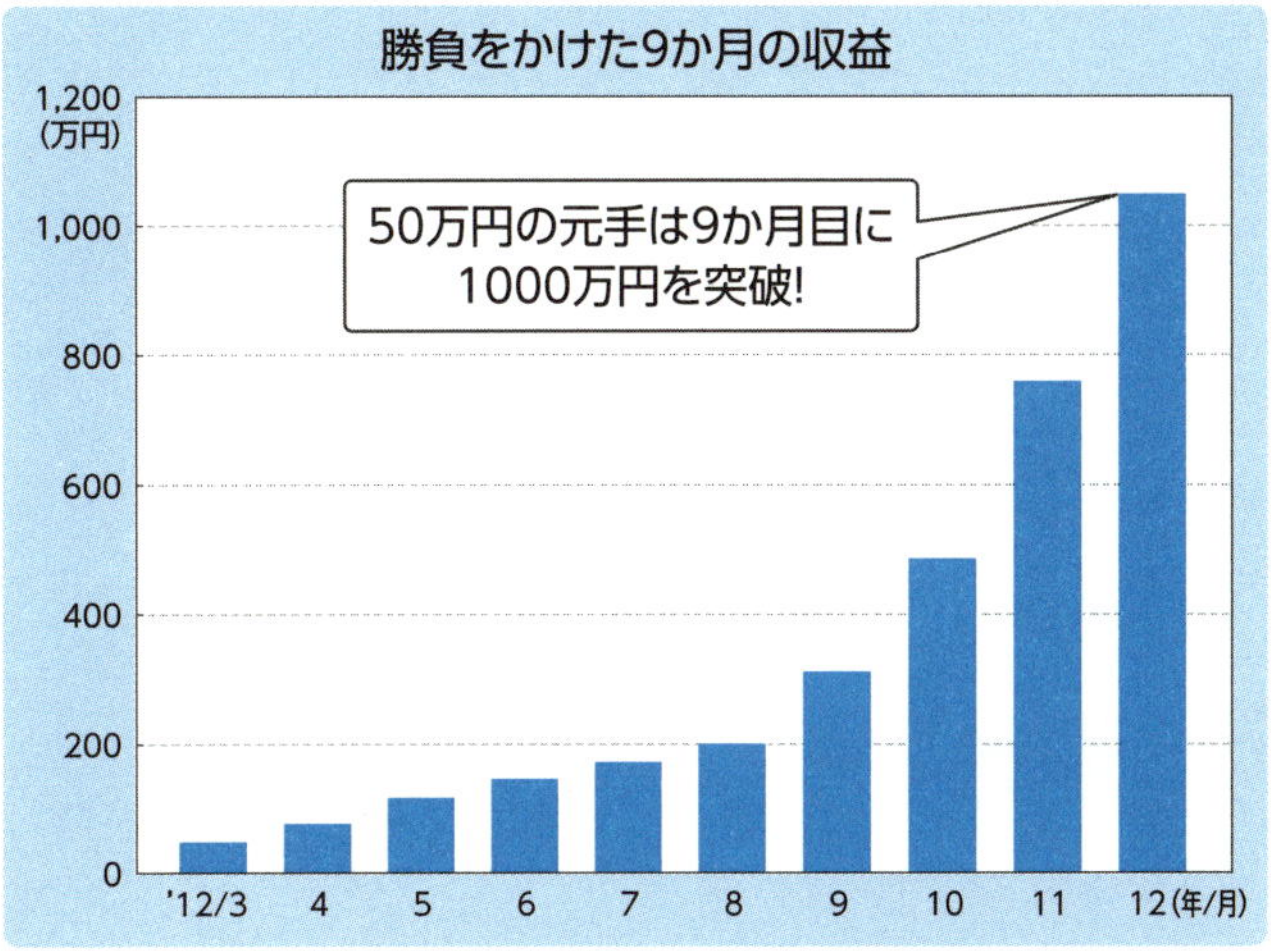

ＦＸの世界はボクシングと似ているな――

そう感じました。

リングに上った２人がともに勝者となることはありません。レフェリーから手を挙げられるのは必ず１人です。

勝者はすべてを得て、敗者はすべてを失う「ゼロサムゲーム」の世界です。

リングから降りるのは簡単です。

しかし、リングから降りた瞬間、チャンピオンベルトを腰に巻く権利を失います。栄光を手に入れたければ、あきらめず戦い続けるしかありません。

僕が得た１０００万円は人生全体で見れば

大きな金額ではありません。でも、就職活動をあきらめた怠惰な大学4年生だった僕にとって、自分の選択が間違いでなかったことの証明ではあったかもしれません。

自堕落な生活を送っていた1年前のことを思えば、大きな進歩でした——。

自堕落な大学生活のツケ

「今日、なに狩りにいく?」

「ティガレックス! マジでヤバくねっ!?」

僕の大学生活は悲惨なものでした。僕は『モンスターハンター』に明け暮れるだけの自堕落な、どこにでもいる平凡な大学生だったのです。

大学への通学時間、授業と授業の合間の休み時間、バイトからの帰り道——。ひたすらゲームの中の世界で〝狩り〟に時間を費やしていました。

友だちには恵まれ、それなりに楽しい大学生活ではありました。サークル活動にアルバイト、友だちとのカラオケにナンパ、合コン、それに暇を見つけては向かうバーチャル世界でのハンティング——。

大学生活はあっという間に過ぎてしまいました。

今になってみればわかります。時間がどれだけ貴重であるか。僕がどれだけ大馬鹿モノであったか。

僕は大学生活の貴重な時間を、社会のためにも自分のためにもならないことに投資して暮らしていたのです。

当時の僕はそんな生活に不満を覚えることなく、むしろ満ち足りていました。

もちろん、今となっては後悔しか残らないのですが……。


将来のことなど考えもせず、ぼんやりと流れていく日々。気づけば僕は大学三年生になっていました。

大学生にとって三年生は現実をつきつけられる学年です。ひとつ上の先輩はスーツを着て面接へと向かい、僕らも否応なく目前にせまった就職活動を意識せざるをえなくなり、賢い同級生は自分の将来を熱く語り始めます。サークルや休み時間の会話にも「社会との接点」をどう持つか、そんな話が増えてきます。

そこで僕は気がつくのです。

「あれっ⁉　オレってなんかヤバくね……⁉」

将来に対する同級生との熱量の差……。

僕にとって大学はユートピアそのものでした。バーチャルな世界の中で狩りをしていれば暮らしていけたのです。そんな生活が永遠に続くわけはありません。

投資と起業と――怠惰な人間にもできるのは？

現実の世界でどう狩りをしていくのか――。

僕が知っていたお金を稼ぐ手段は時給1000円のアルバイトだけです。

就職活動？　入学以来、面接でアピールできるようなことはなにひとつしてこなかった僕を採用してくれる会社など、あるのでしょうか。

そもそも自分にサラリーマンが務まるのだろうか……？

青くさい話ですが、僕のトレードマークである茶髪&長髪を黒髪&短髪に変える気は起きませんでした。満員電車、残業、休日出勤、そんなことを考えてもゲンナリするばかりです。

僕の見た目、会社での束縛を考えると、サラリーマンになる将来はとても想像できませんでした。

漠然と広がる将来への不安。

「うわあぁぁぁっ、どうしよぉぉぉぉ!!!」

会社員ではなく生きていく道として、僕の頭に浮かんだのは――今思えばとても安易ですが――「起業」と「投資」の二択でした。

起業ってカッコいいよな。でも、事業が軌道に乗るまで、時間がかかるんだろうし、僕一人じゃムリそうだし……。

投資だったら一人でできるし、才能さえあれば、軌道に乗るのもすぐだろうし。

やっぱ投資でしょ!

そんなとても単純な発想で投資を自分の生きる道と決めました、とりあえず。

数ある投資商品の中で、もっとも元手が少なく始められて、大きなリターンが狙える金融商品はなんだろう？

株？　先物？　元手が必要でしょ？　今あるの10万円だけだし……。

そこで発見したのがＦＸでした。

10万円もあれば開始資金に充分だし、ハイリターンも狙えるっぽいし。

今思えば、これが最高のストーリーの、悪夢的な始まりでした。

ＦＸ開始一か月で一文無しになった！

思い立ったらすぐ行動するのが僕の性格です。

インターネットをサーフィンして口座を開設し、実際に取引を始めることにしました。

残念なことに、なにひとつ勉強もせず、確固たる戦略も持たずに。

それなのに、いきなり15％のリターンが得られました。

といっても、トレードで稼いだわけではありません。ＦＸ口座を開設するともらえる「キャッシュバック」です。10万円を入金し、一度取引すると1万５０００円のキャッシユバックがもらえたのです。

「1万5000円までなら損してもいいか」

そんな感じでなんとなくFXを始めてしまったのです。

最初の取引で、いきなり1000円儲けることができてしまいました。

「ええっ!?　マジでっ!?」

なんとなく買ってなんとなく売るだけの簡単なお仕事で、アルバイト1時間分の金額が稼げてしまったんです。当時の僕には衝撃でした。

ビギナーズラックも重なったんだと思いますが、初日で1万円の利益になりました。

10万円の元本に対して1万円の利益、つまり1日で10%の利回りです。

同じ利回りなら、元本が多ければ多いほどリターンは大きくなります。

20万円の元手なら1日で2万円の稼ぎになるだろう。月20日で40万円、12か月で480万円。利益を再投資すれば年収1000万円もすぐだろうなんて皮算用をしながら、調子に乗った僕は10万円を追加入金しました。

そして、奈落の底に突き落とされることになるのです。

取引を始めても値動きは予想を裏切り反対方向へ。焦れば焦るほどに増える含み損。負けるほどに意地になり、取り返そうと必死になって新しい取引を始めればさらに増える含み損。繰り返される損切りでみるみる減っていく口座残高……。

人生もFXもそんなに甘いものじゃないんです。ハイエナが群がる外国為替市場は、無知な大学生が生き残れるような甘い世界ではありませんでした。簡単に稼げると勘違いした僕が全財産を失ったのは、茶髪&長髪の僕が面接に落とされるくらいわかりきったことでした。

気がつけば口座残高はほぼゼロになっていました。

大学生にとって20万円は大金です。

「うわあぁぁぁっ、どうしよょおぉぉぉ!!!」

パチンコ感覚でFXを取引すると必ず失敗します。

「まさか自分に限って(笑)」

「自分は才能あるし」

そう思った、そこのあなた。

FXは無慈悲なゼロサムゲームです。誰かが20万円を失えば、市場の向こうには20万円の利益を得た人がいる世界です。パチンコのような新装開店はありませんし、競馬の単勝1・1倍のような「鉄板」のレースもありません。

そんな無慈悲なゼロサムゲームの世界で勝つための、「正しいやり方」は果たしてあるのだろうか……？

チャートを眺めるだけの3か月

外国為替市場に群がるハイエナに身ぐるみ剥がされた僕は一文無しになりました。

でも、あきらめの悪さは僕の長所です。負けっぱなしでは終われません。

僕はアルバイトに明け暮れました。外国為替市場にいるハイエナたちを今度こそ、狩ってやるための元手づくりです。

「自分が負けるってことは、裏で稼いでいるやつがいる。次は自分が稼ぐ番だ」

今までバーチャル世界でティガレックスを狩っていた時間を、友だちと無駄話に明け暮れていた時間を、すべてＦＸの研究に費やしました。

スーツに身を包んだ同級生を横目に、大学→アルバイト→ＦＸ研究の単調な日々への突入です。

ＦＸの初歩から勉強し、ネットサーフィンで集めた情報を頭に詰め込みました。チャートは最初ただの暗号にしか見えませんでしたし、もともと理系だった僕には経済学は遠い世界の話のようで、ゼロからのスタートでした。

ただ、僕は根っからの負けず嫌いなのです。

やられたらやり返す。

その一心で、どうやったら勝てるか、ひたすら考え続けました。

相場はなぜ動くのだろうか？

「為替レートは金利と景気で動く？」

「チャートの値動きで未来が予測できる？」

いわゆる「ファンダメンタルズ分析」や「テクニカル分析」は相場が動く理由を説明してくれましたが、いまいちピンと来ません。

同級生がパソコンでエクセルかリクナビを開いているなか、ひたすらチャートを見つづけていました。

「心理の変化」が探していた答えだった

そんなとき、ひらいめいたんです。

ちょうどゼミのときでした。FXのことしか考えられなくなっていた僕は同級生の発表中、レジュメに値動きの線を書いていました。

「なんでこれって動くんだろう……」

「わかった！！！」

僕が見つけた答え、それは「人間の心理状態」です。

為替レートは勝手に動くわけではありません。市場参加者の買いと売りが集まって、結果として上がったり、下がったりと動きます。

つまり相場を動かすのは人間です。たとえ「アメリカの景気がヤバいくらいにぶち上がる！」とニュースが出ても、実際に取引する人間が米ドルを買う気にならない限り、為替レートは動きません。
逆に言えば、なにもきっかけがなくても、急にみんなが「米ドルが買いたい！」と思えば、材料がないのに米ドルは急上昇します。

為替レートが動くのは、それまで買いたくなかった人が急に買いたくなったり、買っていた人たちが決済して売りたくなったり、**そんな市場参加者ひとりひとりの「心理状態の変化」が相場を動かしているわけです。**

ということは、外国為替市場に参加している人間の心理状態と、その変化がわかれば、FXで生き残っていけるはずです。

これが間違えのないFXの真理です。
「これは一生使える。負けることはなくなる」
気がついたときには、そんな確信がありました。大学の講義をちゃんと聞きもせず、教授には悪いなと思いながらも（笑）。

「時間」が教えてくれる心模様の変化

では、どうやって市場参加者の心理状態を読んでいくのか。

人の心を読む超能力があれば簡単ですが、残念ながら僕は超能力者ではなく平凡な大学生です。

暗号状態からやっと読めるようになったチャートを凝視しました。

ヒントのひとつは「時間」にありました。

為替レートは刻一刻と変化します。その変化は人間の心理状態の変化を示したものです。

一見、ランダムに動くように見える、その変化ですが、チャートを見ているうちに一定の規則性があることに気がつきました。

FXは24時間取引できますが、それは平日だけで、週末は注文できません。

ところが週末にも選挙や戦争、テロ、天災など値動きに大きな影響を及ぼすイベントが起こりえます。

月曜日から英ポンドが上がっていたので、火曜日にあなたは買いました。決済しないまま金曜日になりました。日曜日には選挙が予定されていますが、そのまま持ち越すことにしました。そして日曜に開票された選挙結果は、ポンドにとって悪材料となるものでした。「ヤバい、この選挙結果だとポンドは下がりそうだ」と思っても、日曜日に注文はできません。夜が明けて月曜日になるとポンドは暴落してしまいました。

週末にはそんなリスクがあります。選挙であれば事前にわかりますがテロや天災は予測できません。

だから、市場参加者の多くは、月曜日から英ポンドが上がり続けていても、少なくとも金曜日中に決済して利益を確定したいと考えます。せっかく儲かっているのに週末リスクで利益をフイにしたくはありませんから。

ということは、月曜日から木曜日まで上がり続けていた通貨は買っている人が多く、そんな買い手の心理状態は「金曜日だから決済しよう」と変化するのではないか、と考えられます。

実際に金曜日の市場が閉まる直前には、それまでのトレンドが反転することが多いのです。

これは時間が市場参加者の心理状態の変化を教えてくれる、ほんの一例です。このあとで紹介していきますが、市場の特性・時間帯・曜日などによって人々の心理は規則的に変化します。

大切なのは**「モニターの向こうにいるやつらはどんな気持ちでいるだろうか？」**と考え、時間・曜日による規則性や市場による傾向を知ることで、市場参加者の心理状態の変化を感じ取ることができる、ということなのです。

「オール・イン」で大勝負！

ＦＸはパチンコではない、と言いましたが、パチンコでもきちんと検証された攻略法を実践すれば、勝ち続けることができると聞きます。おそらく他のギャンブルでもそうなのでしょう。だからこそ、「プロギャンブラー」が存在するのです。プロギャンブラーにとってギャンブルはギャンブルではなく、「仕事」になるのだと思います。ギャンブルをギャンブルとするか、仕事とするかは、やり方次第なのです。

ＦＸも一緒です。**正しいやり方を知らないまま取引していた僕はＦＸをギャンブルにしてしまっていました。一文無しになるのも当然です。**


人間の心理状態の変化がわかれば、ＦＸは仕事になる。それがわかった僕は、検証した上で、勝負に出ることにしました。

アルバイトで貯めたお金を再度、ＦＸ口座に入金し、再びハイエナが群れる外国為替市場へと狩りに出たのです。

アルバイトで稼いだ30万円をフル入金したのはもちろん、さらに20万円を引っ張ってきました。

20万円の源泉は、大きな声では言えませんが、学生ローンです。

あなたは絶対にマネしないでくださいね（笑）。


僕がこんなことをしでかしたのは無知だったからです。投資とは「資本を投げる」こと。会社ならば借金もアリでしょうけど、個人が借金をしてまで資本を用意して投げる意味はありません。

20％の金利で借金を背負って投資するということは、投資で20％以上のリターンを「確実に」生み出さなければいけないんです。そんなのはムリですよね。借金を返せば20％の金利を支払わなくてよくなるので、20％のリターンが得られる投資と同じ意味になります。だから借金を返すのが「最良の投資」だということになります。

皆さんは借金してFXなんてやってはいけません、絶対に。必ず余剰資金でやりましょう。

さて、無知でバカな僕は有り金全部と、学生ローンからの借金、合計50万円をすべてFX口座に入金しました。ギャンブルでいう「オール・イン」、全ブッコミです。

今考えると恐ろしいリスクのとり方です……。

消費者ローンで作った元手を溶かす

乾坤一擲《けんこんいってき》の大勝負の結果がどうなかったたか。冒頭に書いた通りです。

1ドル70円台の超円高時代だったので、日本銀行の為替介入があったりして1日で資産が100万円増えるラッキーな日もありました。

実際の作業は地味なものです。自分が決めたルールに従って毎日コツコツと資産を増やすだけの日々でした。50万円の元手は9か月で1000万円になり、僕のやり方が正しかったことを証明してくれました。無茶な借金を真っ先に返済したのはもちろんです（笑）。

ただ、冒頭には書かなかったこともあります。

大負けです。

当時、1ユーロ＝100円を切ってきて、「完全にダウントレンドだろ、ユーロは終わる、紙くずになる」と確信していた僕は、調子に乗って売りました。

僕が売ったそこが底値でした。

200万ユーロの売りだったので、2億円近い取引でした。

上昇する相場を眺めるだけで損切りもできず、たった一度の取引で200万円を失うことになったのです。まだ資金が600万円ほどのときだったので、ハンパない打撃です。

人間は調子がいいときほど、リスク管理は甘くなるものです。

ＦＸにおけるリスク管理とは、損切りです。

このときは４００万円ほどの資金が手元に残りましたが、損切りが遅れていればＦＸを続けることができなくなるところでした。

いくら自分が正しいやり方で取引していても、リスクが管理できていなければ一発で退場させられるのだ、そんなことを学びました。

「相場は人間関係と似ているな」

そんなことも思いました。

あなたが相手に嫌悪感を持っていれば、表に出さずとも負の感情は相手に伝わります。

あなたが相手に好意を持っていれば、表に出さずとも好意は相手に伝わります。

できれば相手に好意を持って接して、相手からも好意を引き出したいですよね。

相場も同じなんです。

真摯に向き合えば、相場はあなたに利益をもたらしてくれます。

「楽勝っしょ！」とナメて向き合えば――最初のころの僕ですが――相場はあなたに襲い

かかります。

相場と真摯に向き合ってください。そうすればきっと相場もあなたに真摯に応えてくれます。あなたが相場を裏切れば、相場はあなたを裏切ります。どう向き合えばいいのか、相場との真摯な付き合い方はこれから解説していきます。

とても濃密で学びの多い9か月間でした。

増えていく口座残高とともに、少しずつ成長する自分を感じていました。

少額で身につく一生モノの武器

最初に始めたときの20万円の損失と、50万円で再挑戦してからの9か月。

その間に学んだ、皆さんにぜひ伝えたいことがあります。

ひとつは、今の僕のライフワークにもつながること、経済に親しみ金融リテラシーを高めることの意義です。

FXを始めた僕は日々の株価をチェックしたり、新聞やインターネットで経済ニュースを読む習慣を身につけました。

投資をしないでモンスターハンターに明け暮れて、流されるように就職していたら、きっと身につかなかった習慣だと思います。

働いている方なら、「経済記事なんていつも読んでるよ」と言われるかもしれません。

でも、身銭を切って投資することで、今まで遠く離れた世界のことだと感じていた世界経済が急に身近になるんです。

ユーロが崩壊するのかどうか、それは僕の資産に大きな影響を与えました。自分の資産の増減に関わることであれば、遠い世界のことが他人ごとではなく自分ごとになるのです。皆さんの中にはまだ学生の人もいると思います。若いうちに、学生のうちに投資を始めるのはとても素晴らしいことだと思います。もしも、いくらかの資産を失ったとしても、得られる報酬はかけがえのないものになるはずです。

僕が最初に失った20万円は、2億円とも3億円ともいわれるサラリーマンの生涯年収と比べればわずか0・1％、はした金にすぎません。

20万円の授業料で世の中の見方を変えることができれば、自分の習慣を変えることができるのならば、そして、一生使える武器を身につけることができるのならば、安いものだと思いませんか？

ながら、でできる「副業ＦＸ」

「だったら、ＦＸでなくて株でもいいじゃないか」と思う人もいると思います。

投資を行うにしても株や投資信託、債券、先物、オプションなどさまざまな金融商品があります。

でも、僕が皆さんに薦めたいのは断然ＦＸです。

なぜＦＸなのか。

ＦＸは「副業として」の資産運用にとても向いているからです。

多分、皆さんは仕事なり授業なり家事なりやらないといけないことがありますよね？

それに多分、僕と同じように部屋でまったりするのが好きですよね？

そんな人でも副業感覚で資産を増やしやすいのがＦＸなんです。

株と違ってＦＸは銘柄数がグッと絞られています。日本の株式市場に上場する会社は全部で約３５００社ですが、ＦＸで取引する通貨はせいぜい10種類程度です。僕のように円と米ドル、ユーロの主要３通貨だけでもＯＫです。

３５００社のチャートをすべてチェックするのは不可能ですが、主要３通貨のチャートを見るのは１分もあればできます。

それに、ＦＸならスマホ１台で事足りるんです。

９か月の間、僕がデイトレーダーのようにパソコンの前につきっきりになって、たくさんのモニターを見ていたと思いますか？

ぜんぜん違います。

僕が武器にしていたのはたった１台のスマホです。

スマホ１台と、10万円程度の資金、それに正しいやり方の知識さえあれば始められるのがＦＸなんです。

スマホひとつあれば世界中どこでも自給自足できる

僕は一時期、学校を休学して世界中を旅していました。

最近はどんな新興国でも携帯電話用のSIMカードを売っています。SIMカードを自分のスマホに挿せばすぐにインターネットにつなげられますし、少し気の利いた施設ならWi-Fiの電波が飛んでいます。

それに外国為替市場は24時間、いつでも取引できます。東京証券取引所のように9時から15時までと取引時間が決まっているわけではありません。インターネットにつながり、市場が開いていれば世界のどこにいようがFXは取引できます。

スマホ1台を持っていけば、どんな国でも何時でも、いつもと変わらぬ環境でFXが取引できたのです。

あとで説明しますが僕がよく取引するのは東京市場の時間帯、つまり日本の9時から15

時くらいです（もちろん、それ以外の時間にもチャンスはたくさんあります）。

日本の真裏になる南米にいるときは、時差がちょうど12時間だったので観光を終えた夜、宿に戻って東京市場の時間に合わせて取引していましたし、日本と2、3時間の時差になる東南アジアにいたときには早起きして東京市場のオープンに合わせて取引をしていました。

貧乏旅行とはいえ、せっかくの海外ですからＦＸよりも現地の空気を楽しむのが最優先です。その土地ならでの素晴らしい景色やグルメ、そして人の温かさに触れながら、旅費はＦＸで稼ぐ、そんな旅行でした。

それができる時代だし、それができるのがＦＸなんです。

ＦＸをやらない理由はなんですか？

皆さんはなぜＦＸをやらないのでしょうか？

「時間がないから」

「移動が多く、パソコンを開けないから」

タイだろうがカンボジアだろうがブラジルだろうがFXはできるんですから、そんなのは言い訳にすぎないですよね。

ブラジルから取引することを思えば、仕事の合間に取引したり、通学時間を利用したり、子どもを保育園に送り出したあとの空き時間に取引することはよっぽどカンタンです。

インターネットの発展によって情報がフラットになり、金融という分野においても情報の非対称性はなくなってきました。スマホの発展によってパソコンとモバイル機器の性能差もなくなりつつあります。外出先でもデスクでも、日本でもブラジルでも同じような情報環境、同じような取引環境が実現できる時代は、チャンスが溢れている時代なのです。

スマホと10万円程度の資金は皆さんにも用意できるはずです。

それに、あともうひとつ欠かせないものがあります。

これから僕が説明していく、正しいやり方です。

Second chapter

FXの本質

トレードルームはベッドの上

僕のトレードルームはベッドの上です。

時には寝っ転がりながらスマホでチャートを見て、取引しています。

なぜＦＸはそれでも稼げるのでしょうか？

その秘密を教える前に、「ＦＸとはなにか」という基本を解説しておきたいと思います。

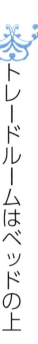

そんなの知ってるよ、という人は次の章へと進んでください。**でも、できたらレバレッジの部分だけでも読んでください。世間一般の解釈と、僕の解釈がだいぶ違っているからです。**

ＦＸは「ある通貨と別の通貨を交換する取引」です。　米ドル／円なら、米ドルと円を交換する取引になります。ユーロ／米ドルならユーロと米ドルを交換する取引です。

「円しか持っていない！」という人でも、ＦＸではユーロ／米ドルの取引ができます。円で入金したお金をＦＸ会社がユーロや米ドルに換算して取引させてくれるからです。

したがって、為替レートとは米ドル、円、ユーロなど通貨を相互に交換するときの比率

外国為替市場ってどんなところ?

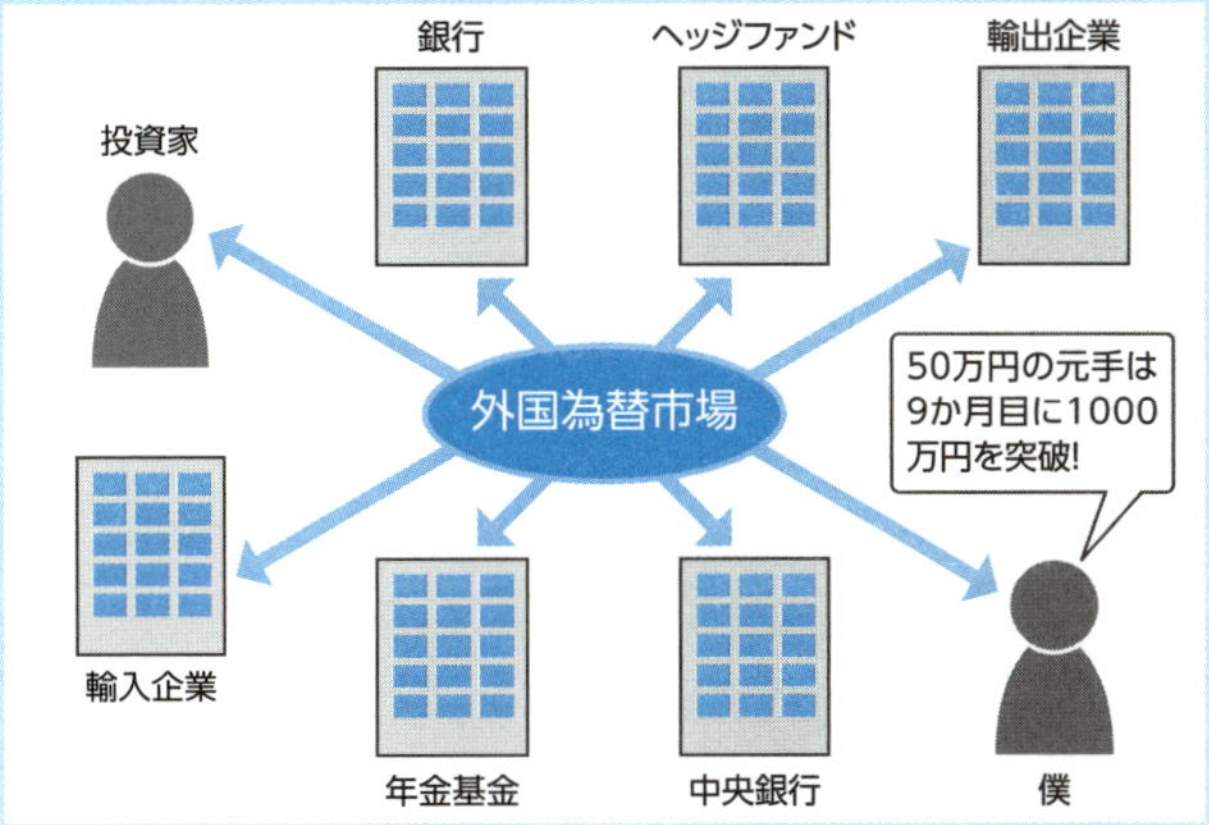

（レート）です。1ドル＝110円なら、米ドルと円の比率は「1：110」です。ユーロ／米ドルだと、ユーロと米ドルの比率は「1：1・15」程度です。

為替レートはふたつの通貨の交換比率なので、「米ドルの値段」というものは存在しません。米ドルの値段を測る尺度として、円だったりユーロだったり、もうひとつの通貨が必要になります。だから、FXでは「米ドルの取引」ではなくて、米ドル／円やユーロ／米ドルといった通貨ペアを取引することになります。

そんな通貨の交換を行う場所が「外国為替市場」です。

通貨ペアは先に書いてあるほうが主体にな

通貨ペアの見方を確認

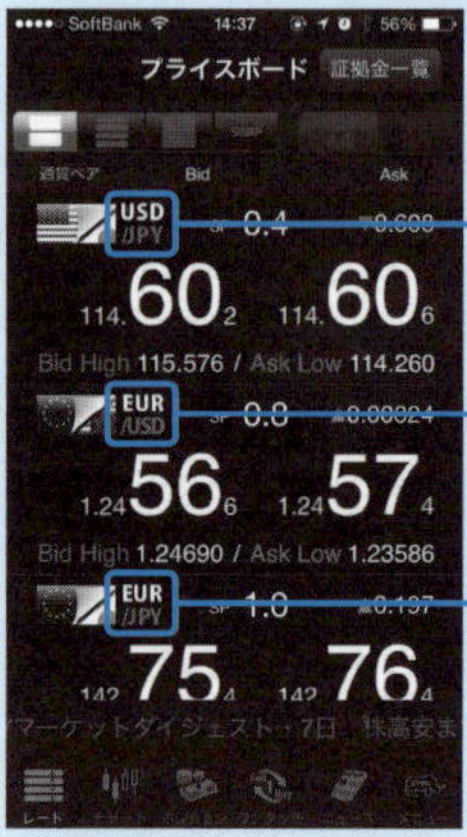

先に書いてあるほうが「主体」となる。「USD/JPYの売り」なら米ドルを売って、円を買う取引となる

主な通貨記号

略称	通貨
JPY	円
USD	米ドル
EUR	ユーロ
GBP	ポンド
AUD	豪ドル
NZD	ニュージーランドドル
CAD	カナダドル
CHF	スイスフラン
ZAR	南アフリカランド
CNY CNH	人民元
HKD	香港ドル

ります。「米ドル／円の買い」といったら先に書いてあるほうの主体となる米ドルを買って、後ろに書いてある円を売る取引になります。「米ドル／円の売り」は米ドルを売って円を買う取引です。

為替レートはそれぞれの国の経済力や金利、政治的要因、貿易収支、それに需要と供給など、さまざまな要因によって絶え間なく変動しています。

そんな変動を狙って、ある通貨が安いときに買って高くなったときに売り抜けたり、逆にある通貨が高いときに売って、下がったときに買い戻したりすることで利益を得るのが、FXです。

FXの取引コストは「スプレッド」

FXではふたつの値段があります。「買値」と「売値」です。

右図の場合だと、114・602円と114・606円とふたつの値段が提示されています。買うときは高いほうの114・606円、売るときは安いほうの114・602円が取引価格になります。「高いほうで買って、安いほうで売る」と覚えておいてください。

1万ドルを買ったとすると、「114・606円×1万」なので114万6060円で買って、すぐに売ったとすると114万6020円が返ってきます。同じ瞬間に買って売ってと取引すると、40円分の損失になります。

こうした買値と売値の差は「スプレッド」と呼ばれ、FX会社の収益になりますし、僕たちにとっては取引コストです。今はほとんどのFX会社で取引手数料が無料なので、スプレッドがFXの取引コストになるんです。スプレッドが狭いほど、コストが安く済むので、取引したあと手元に残るお金が多くなります。

FXの「ふたつの値段」の意味

Bid=ビッド、売るときの値段
Ask=アスク、買うときの値段

「高いほうが買うときの値段、安いほうが売るときの値段」と覚えておけばOK!

SPと書いてあるのがスプレッド。ビッドとアスクの差で、FXの取引コストになる。スプレッドが0.4銭で1万通貨を取引したときの往復コストは「0.004円×1万」で40円となる

スプレッドを収益源とする構造は銀行でも同じです。

ただ、FXと銀行ではスプレッドが大きく違います。米ドル／円だと、狭い会社では0・3銭くらいのスプレッドです。1万ドルあたり30円のコストになります。でも、それが銀行だと2円といったスプレッドが普通です。2円のスプレッドだと1万ドルあたり2万円の取引コストになります。

30円と2万円の違いって、スゴくないですか？

このコストの違いを知っちゃうと、銀行で為替の取引をするのがバカらしくなりますよね。

ただ、FX会社によってスプレッドの水準は変わります。2014年11月末現在、米ドル/円だと狭いところで0・3銭ですが0・5銭、1円ともっと広い会社もあります。それに「1万通貨あたり500円」などの取引手数料がかかる会社も稀にあるので、取引会社を選ぶときには手数料の有無とスプレッドに注意する必要があるでしょう。

資金効率を示すのがレバレッジの本質

皆さんにFXを薦めたい、とても大きな理由が「レバレッジ」の存在です。

レバレッジってなんだかわかりますか?

人によって解釈が異なりますが、僕にとっては「どれだけ少ない資金で取引できるのか」という資金効率を示す言葉です。

なんだか急に難しくなりましたね(笑)。

具体的な金額で考えてみましょうか。1ドル=110円とすると、1万ドルは110万円です。多くのFX会社で1万通貨が基本の取引単位となっています。

レバレッジのない外貨預金だったら、1万ドルの外貨預金には110万円が必要になります。

でも、FXでは最大25倍のレバレッジをかけられます。このとき1万ドルを取引するのに必要な資金は、4万4000円（110万円÷25）です。

今は法律でレバレッジの上限が25倍に規制されていますが、2010年までは100倍、200倍、さらには400倍のレバレッジをかけられる会社もありました。

400倍のレバレッジだと、1万ドルを取引するのに必要な資金は2750円（110万円÷400）です。

そもそも、なぜ4万4000円しかなくても、110万円の取引ができるのでしょうか？

他人のお金を使っているからです。でも、別に借金をしているわけではありません。FXは「決済したときの損益だけを精算しましょう」という約束の取引なんです。

資金4万4000円で1万ドルを買って、4000円を損したとしますよね。口座からは損失額の4000円が口座から差し引かれます。現物株のように「100万円の株を買うなら100万円入金する」といったように取引の代金が丸々必要になるわけでないのです。とても便利ですよね。

レバレッジとは、言い換えれば、**「その商品を買う（売る）のに他人のお金をどれくらい使っているか」**ということなのです。

少し見えてきましたか？

レバレッジをかけると、少ない資金で大きな金額を取引できるし、レバレッジの倍率が高いほど、より少ない資金で済みます。

- **レバレッジが高い＝少ない証拠金で取引できる**
- **レバレッジが低い＝取引に多くの証拠金が必要**

これを見れば、レバレッジが高いのはメリットですよね。同じ1万ドルを売ったり買ったりするのに、少ない資金で済んだほうが、資金効率は高まるからです。

身近なところにもあるレバレッジ

レバレッジって、意外と身近なところで使っていたりもします。とくに家やマンションを持っている人なら、自然とレバレッジをかけているはずなんです。

その最たるものが、住宅ローンです。

自己資金1000万円で5000万円の物件を購入したとします。不足分の4000万円は住宅ローンで借り入れます。

このとき1000万円の資金で5000万円の物件を買ったのでレバレッジは5倍です。

FXにかぎらず、このように他人の資本を使って自分の元手以上の取引をすることを「レバレッジをかける」といいます。

じゃあ、この物件が1億円に値上がりしたとしますよね。「売っちゃえ！」と売却したら、手元に1億円の現金が入ってきて、借金した4000万円を返済しても6000万円が残ります。自己資金1000万円が6倍になりました。

同じような取引をすべて自己資金で行ったとすると、どうなるでしょうか。

自己資金5000万円で5000万円の物件を購入して1億円で売却しました。住宅ローンの返済はないので手元に1億円がまるまる残り、当初の自己資金は2倍になりました。

住宅ローンを使ったとき＝レバレッジをかけたときは自己資金が6倍になったので、それに比べると儲かっていないないですよね。

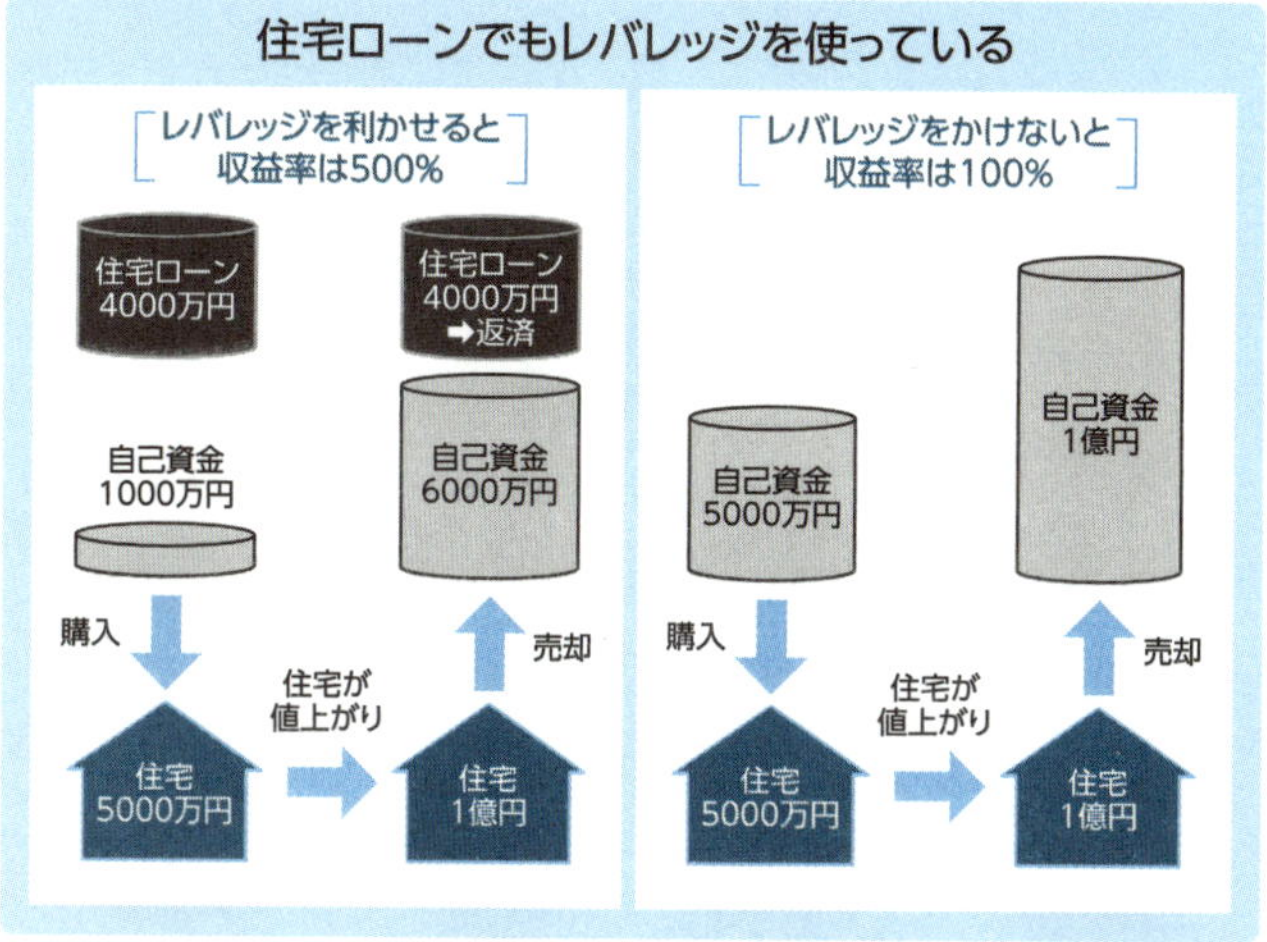

反対に住宅が値下がりした場合も考えてみましょう。

5000万円の物件が4000万円に20%値下がりしてしまったケースです。

すべて自己資金でまかなっていた人は資金が20%減ってしまって、1000万円の損失になるだけです。

自己資金1000万円で残りは住宅ローンを借り入れて購入していた人は売却額4000万円のすべてを返済にまわすので、手元に残るのはゼロ。自己資金1000万円は100%きれいになくなってしまいました。

物件価格自体は20%下落しただけなのですが、5倍のレバレッジをかけていると資金の変動も20％の5倍で100％になるのです。これが悪いほうのレバレッジの効果です。

「ハイレバ＝ハイリスク」は誤解！

これはFXでもまったく同じです。

1ドル＝100円で1万ドル買って、1％上がって101円になったとき、レバレッジをかけなければ損益も1％です。100万円払って買った米ドルが101万円分の価値になるだけですよね。

でも、25倍のレバレッジをかけていると100万円分の米ドルが4万円（100万円÷25）で買えます。100万円分の米ドルが1％上がると101万円の価値になるので、手元には「元手4万円＋儲けの1万円」の合計5万円が戻ってきます。

1％の値動きに対する収益率は25倍で25％になるのです。

もちろん1％下がってしまったときも同様です。レバレッジをかけなければ元手に対して1％の損ですし、25倍のレバレッジなら25％の損失です。

レバレッジは「儲けやすく損しやすい」

	1万ドル取引に必要な最低資金※	1%の変動に対する損益率
レバレッジをかけない(=レバ1倍)	100万円	取引量による
25倍のレバレッジ	4万円	取引量による

※1ドル100円、資金100万円とした場合

保有ポジション量	1%の変動に対する損益率
25万ドルの取引	25%
10万ドルの取引	10%
1万ドルの取引	1%

「だからレバレッジが高いとハイリスクなんだ」と言う人がいます。

そうじゃありません！

「ハイレバ＝ハイリスク」はレバレッジについて、世間一般でいちばん誤解されているポイントです。

最初に話した**「レバレッジとは『どれだけ少ない資金で取引できるのか』という資金効率を示す言葉」**の意味をもう一度考えてみましょう。

レバレッジが高ければ高いほど、「少ないお金で多額の取引ができる」ことはわかってもらえたと思います。

「レバレッジが高いからリスクが高い」のではなくて、最終的なリスクを決めるのは「実際にどれくらいの数量の注文を行うか」です。

1ドル＝100円のとき、100万円を口座に入金していたとしましょう。レバレッジのかけられない外貨預金だと買えるのは100万円分、つまり1万ドルだけです。素直に1万ドルを買いました。

FXだと1万ドルの取引に必要なのは25分の1の4万円です。100万円が口座に入っているので最大で25万ドルを買えます。でも1万ドルしか買いませんでした。

このときにリスクは違いますか？

レバレッジ1倍でも25倍でも買ったのは同じ1万ドルですから、1％下がろうが10％下がろうが損する金額は同じです。どちらの場合もリスクは同じですよね。

リスクを決めるのはレバレッジではなく「いくら買ったか」という数量です。 当たり前の話ですよね。

だから、レバレッジは高ければ高いほどいいんです。少ない資金でトレードできるということなので。

あとは取引量をいかに調整するかっていうことだけです。

もう一度不動産との比較をしてみると、ＦＸが大きく違うのは、ポジションの量でリスクをコントロールできることです。ＦＸならポジション量の調整や損失幅を限定する事によりリスクをコントロールできるんです。

レバレッジは正しく使えば、あなたの資産を大きく増やす武器になります。

「ここぞ！」という場面では大きく張らないといつまで経っても資産は増えないですから。

「年50%運用」がＦＸならできる！

株とＦＸ、爆発力があるのはどちらでしょうか？

「一日の値動きが大きいのは株だ」

「ＦＸならレバレッジが最大25倍だ」

とさまざまな意見があると思います。

ソフトバンクの株価は一日で２%、３%と値動きすることがザラです。ある月の一日の変動率を計算してみると、２・１%ほどでした。

一方、米ドル／円は一日に1％、つまり1円も動けば値動きが大きいと言われますし、3％も動けば大ニュースになります。こちらの変動率は一日およそ0・7％でした。

大きな値動きを追い風にできれば、それだけ収益率も高まりますから、単純に一日の値動きだけを比べれば、爆発力は株のほうがありそうです。

ところが、レバレッジの効果を考えると話は別です。

信用取引を使えば、株にもレバレッジをかけられますが最大で3・3倍程度です。2・1％の値動きに3・3倍のレバレッジをかけられると、6・93％になります。つまり一日に最大6・93％ほど口座資産が変動するということになります。

一方、FXのレバレッジは最大25倍です。0・7％を25倍すると17・5％となります。一日で最大17・5％、口座資産が増える可能性があるのですから、株に比べるとFXのほうが、爆発力があることがわかります。

FXは「一発逆転」を可能にするような爆発力を秘めた、「投機性」の強い金融商品だということがわかります。僕がたった9か月で50万円を20倍の1000万円へと増やせた

ように、です。

ただ、火力の大きな爆弾は取り扱いを間違えると、自分を傷つけることがあります。レバレッジをフルに活用し、少ない資金で大きな取引をしたときに、不利な状況に陥っても自ら損切りをしないでいれば、資産の17・5％を一日で失ってしまう可能性があるのです。僕がユーロ／円の取引で資産の約3分の1にあたる200万円を一日で失ったように、です。

株とFXの違い

皆さんがもっとも馴染みのある金融商品は株じゃないかと思います。

FXの商品性を株との違いから考えてみましょう。

株式投資ではソニーだったりグリーだったりトヨタ自動車だったり企業単体の株を売買しますが、FXは先ほど言ったように通貨と通貨の交換です。通貨ペアを売ったり買ったりします。

株とFXの違い

	株式	FX
時間帯	日本の場合9時〜15時	24時間
手数料	高い	安い
銘柄数	多い	少ない
レバレッジ	約3.3倍	25倍
特徴	倒産したら価値はゼロ	国が破綻し貨幣価値がゼロになる可能性は限りなく低い

ふたつの金融商品を対比すると上の図のようになります。

株式市場は時間が限られていて、働いている人には取引しにくい難点があります。でも、FXは仕事から帰ってきたあとでも出勤する前でも昼休み中でも、ライフスタイルに合わせて24時間、いつでもチャンスがあります。世界中で24時間大量に取引されているため、トレンドがわかりやすくて素直な値動きをしやすいのも外国為替市場の特徴です。

約3500社が上場する日本の株式市場と比べて監視すべき通貨ペアの数もずっと少ないので、空いた時間にスマホでさっとチャー

トを見るくらいで済むのも魅力です。

手数料で見てもFXは低コストだし、株と違っていきなり価値がゼロになる可能性も低く、僕であろうが銀行で働くプロの為替ディーラーであろうが、情報も公平です。インターネットの普及で情報の非対称性が少なくなりフラット化してる時代ですが、FXはその象徴ともいえるのではないかと思います。とても優れた金融商品なのです。

株のように、ひとつの銘柄に集中投資して短期間で資金を2倍、3倍にするような大儲けはFXだと難しいかもしれませんが、副業感覚でコツコツと資産形成を行うのに向いています。

ホームランバッターは三振も多いものです。短期間で2倍3倍が狙えてても、三振=大損する可能性がある金融商品は副業には向いていません。FXはイチロータイプ。コツコツとヒットを積み重ね、資産を増やしていく副業感覚での投資に向いている金融商品です。

ホームランは狙えないといっても、レバレッジを利かせられますから、年50%くらいは余裕で狙えます。実際に偏差値34を叩きだした僕でさえ9か月で50万円を1000万円にできたくらいですし、その後は少しペースをゆるめていますが、それでも年平均50％ほどの利益率を維持できています。

もちろん、僕もずっとＦＸにかかりっきりというわけではなくて、大学院に通ったり、友人と新たなビジネスの種をまいたりと、あれこれ活動しながらです。

皆さんも仕事や勉強や家事や趣味と、あれこれやることがあると思いますが、その片手間に取り組む副業ＦＸであっても年50％ってぜんぜん可能なんです！

株と比べればずっと少額で始められてマイペースに取り組めるＦＸ、副業に最適だし、やらないのはもったいないと思いませんか？

Third chapter

トレードの方向は時間が決める!

相場は3種類しかない

本書では皆さんに①時間帯による値動きの特性、②需給分析、③テクニカル分析という3つの武器を授けたいと思います。

外国為替市場の時間帯の違いがわかれば、順バリと逆バリの区別がつき、**①時間帯による値動きの特性**が理解できます。

ただ、時間の話に入る前に「相場の種類」と「取引のやり方」について考えてみましょう。とてもカンタンな話です。

相場は3種類しかなく、また取引のやり方は2種類しかありません。

「えっ?」と思った人もたくさんいるかもしれませんよね。「FXってもっと複雑なんじゃないの?」って。

でも、実際にそうなんです。

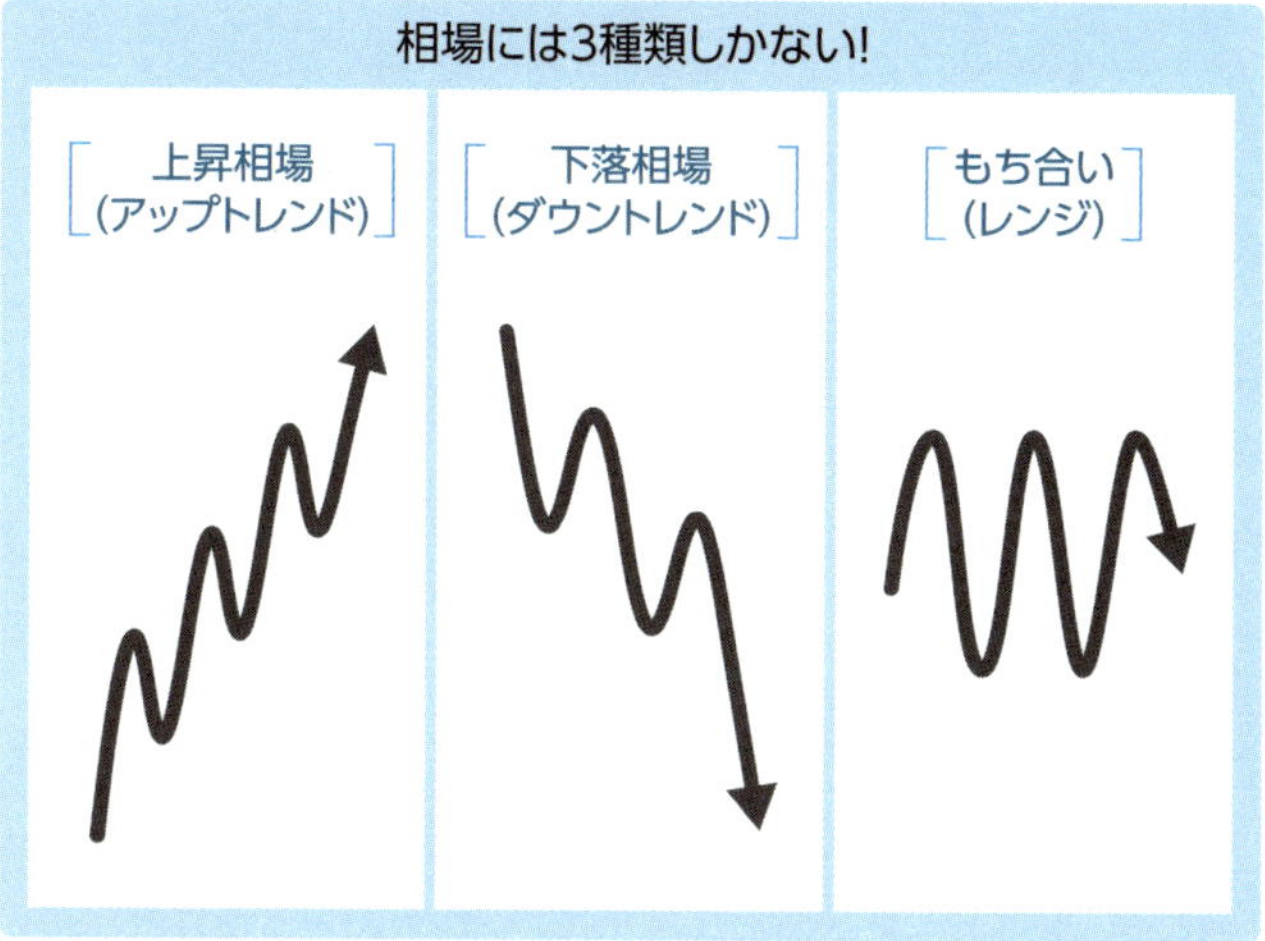

すべての相場は次の3つに分けることができます。

・アップトレンド　上昇している相場
・ダウントレンド　下落している相場
・レンジ／もち合い　トレンドがなく一定幅で上下している相場

もしもスマホかパソコンが手元にあれば、チャートを開いてみてください。どんな通貨ペア、どんな足でも構いません。

先ほどの3種類のいずれかに当てはまっていませんか？

細かく見る必要はありません。全体をぼんやり眺めてみて、上がっているなと思えばアップトレンド、下がっているなと思えばダウントレンドですし、どちらでもなければレンジです。

「順バリ」と「逆バリ」の区別をしっかりつける

FXの取引のやり方は2種類しかありません。

トレンドについていく「順バリ」と、トレンドと反対方向に取引する「逆バリ」です。

チャートが上昇傾向にある「アップトレンド」のとき、順バリなら買いで取引を始めますし、逆バリなら売りで入ります。

チャートが下落傾向にある「ダウントレンド」のとき、順バリの人は売りで入りますし、逆バリの人は買いで入ります。

「トレンドが上昇なら、逆バリなんてしないで買いで入ればいいんじゃないの?」と思いますよね。

それで正解です。初心者にオススメとされるのは順バリです。

ただ、アップトレンドだからといって、いつも上昇しているわけではありません。

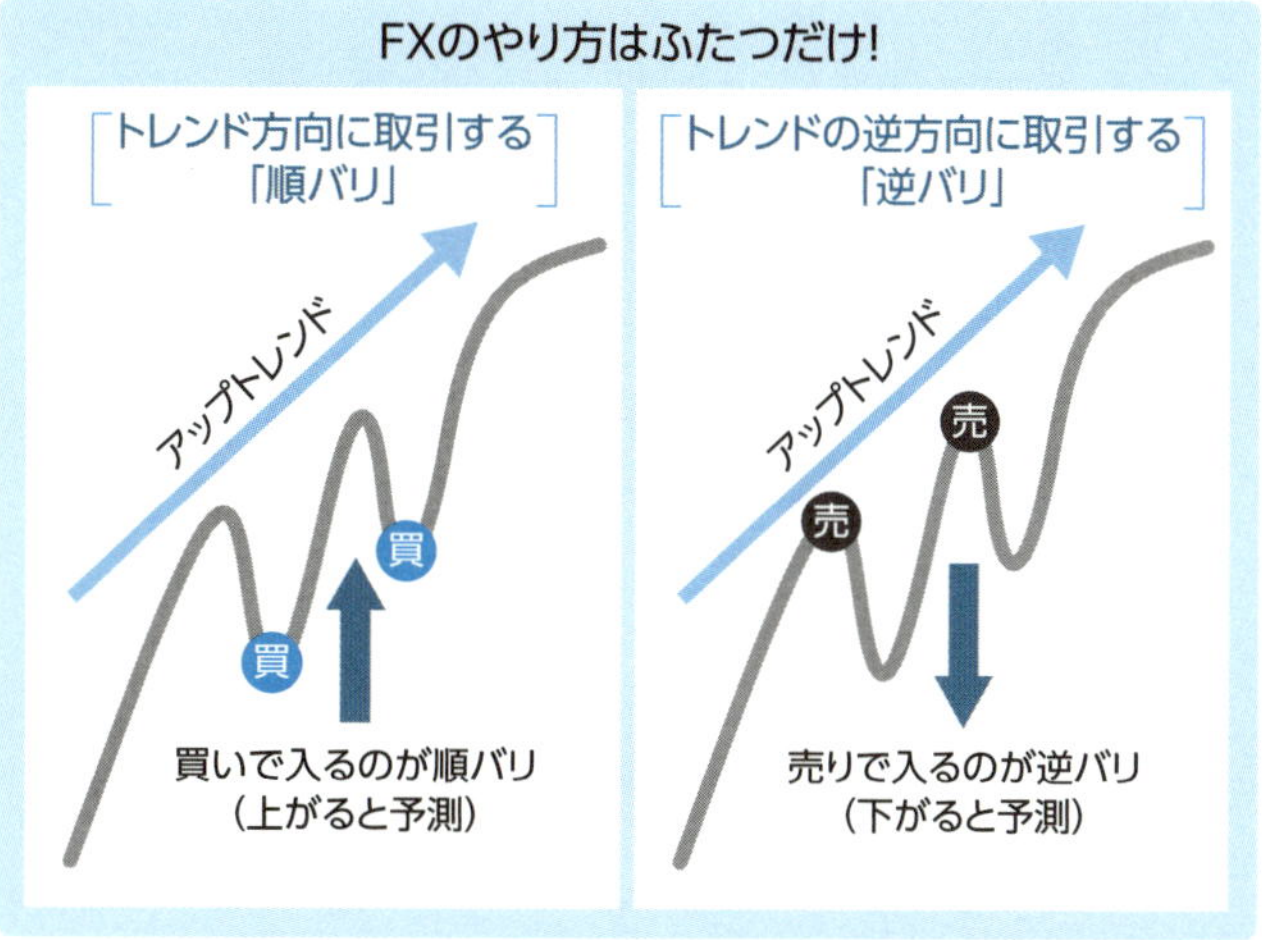

今、日本はアベノミクスで円安トレンドが進んでいます。でも、いつも上昇しているわけではなく、数週間、数か月と円高になる局面もありますよね。

目先の天井で買ってしまうと、含み損が増えていきます。長期的に持ち続けるつもりならそれでもいいのですが、ハイレバのデイトレードだと、それはできません。含み損が増えていく中で、強制ロスカットされてしまうからです。

そんなときにはトレンドと反対方向に取引する逆バリも必要なんです。

いつ順バリで取引し、いつ逆バリで取引するべきか。

それを教えてくれるのが「時間」です。

為替市場は24時間

世界の金融市場を動かす人々はどこにいると思いますか？

僕が見いだしたFXの真理は取引する人たちの「心理状態の変化」が為替レートを変動させる、ということでした。

ですから、心理を洞察すべき相手がどこにいるか、考えてみることは大切です。

世界の金融市場を動かすプレイヤーはふたつの街に潜んでいます。

世界を代表する金融街、ニューヨークのウォール街とロンドンのシティです。それに東京を加えて、3つの街が世界でも規模の大きな金融の中心地となります。

この3つの街は「世界の三大市場」とも呼ばれます。

三大市場の中でもとくに影響力が大きいニューヨーク勢とロンドン勢が取引を始めると、市場は大きく動きます。為替だけではありません。原油でも金でも、あるいは日経平均先物でも同じです。

ロンドン、ニューヨークのトレーダーが参入する時間に東京証券取引所は閉まっています。でも、外国為替市場はもちろん開いています。外国為替市場は24時間、開いています。

9時～15時までしか開いてない株と比べて、サラリーマンや学生が副業にしやすいのはすでに述べたとおりです。通勤途中の朝だろうが、昼休みだろうが、営業中の休憩時間だろうが、帰宅後だろうが、いつでも取引できるのです。サラリーマンでも水商売でも主婦でも学生でも、それぞれに合ったやり方ができるんですね。

さらに、24時間、市場が開いているということはそれだけチャンスも多いことにもなります。

三大市場それぞれの取引時間は厳密に決められているわけではありませんが、目安となるのは、それぞれの国の証券取引所の取引時間です。

東京に拠点を置く銀行や証券会社、ヘッジファンドのトレーダーなら東証の取引時間に準じて朝9時から15時ごろまでを取引の中心時間とするでしょうから9時～15時が「東京市場」ですし、同じようにロンドン証券取引所の取引時間に従って17時から25時半までが「ロンドン市場」です。

金融市場のメインタイム

	東京	ロンドン	ニューヨーク
株式市場の取引時間（現地の時間）	9:00～15:00	8:00～16:30	9:30～16:00
日本時間（冬時間）	9:00～15:00	17:00～ 1:30	23:30～ 6:00
日本時間（夏時間）	9:00～15:00	16:00～ 0:30	22:30～ 5:00
日本との時差	—	マイナス9時間	マイナス14時間

さらに世界最大の金融街であるウォール街のトレーダーが入ってくるのはニューヨーク証券取引所の開く夜23時半からが中心です。**ここからの2時間は2つの大金融街ウォール街とシティがともに動いているので、外国為替市場の値動きももっとも活発になりやすいゴールデンタイムです。**

「ニューヨーク市場」は日本の朝6時まで続きます。ニューヨーク市場が閉まるころには、ニュージーランドのウェリントン市場やオーストラリアのシドニー市場が動き出しているので、外国為替市場は24時間、世界のどこかで取引されている、ということになります。

時間帯によって市場ごとにクセがあります。

東京市場の時間は輸出入企業などによる実需の取引が多いため、値動きが大きくなりにくく、レンジ相場になりがちです。

東京市場が終わり、ロンドン時間に入ると為替差益を狙って短期売買を繰り返す「投機筋」が参入し始めて値動きが活発になり、トレンドもできやすくなります。

そして、ニューヨーク市場では、その傾向がいっそう強化されるのですが、一方では市場に大きな影響を与える経済指標の発表も多くなるので、トレンドが急転換することもしばしばです。

ただ、僕が授けたい武器はこうした特徴ではありません。基本として踏まえておいて欲しいのですが、**僕の武器はもっと実践的なものです。**

ひとつめの武器「時間帯による値動きの特性」

為替レートがなぜ動くのか、考えてみましょう。

ファンダメンタルズ分析では「金利によって為替レートが動く」「為替レートは景気に反応する」と書かれていることもありますが、厳密には違います。

為替レートが変化するのは、トレーダーの心理が変化するからです。

アメリカの金利が上昇しても、トレーダーが「米ドルを買いたい」と思わなければ為替レートは上昇しません。

「金利上昇↓米ドルの上昇」ではなくて、「金利上昇↓トレーダーの米ドル買い意欲の向上↓米ドルの上昇」となっているわけです。

経済のファンダメンタルズやチャートのパターン、テクニカル分析の形状が変わったことなどをきっかけにして、トレーダーの心理が変わるからこそ為替レートは動きます。

ですから、FXに限らず、相場で勝ちたいのなら、モニターの向こう側にいるトレーダーの気持ち、出方を考える必要があります。それを考えずに闇雲に自分都合だけで取引しても、搾取されるだけでしょう。

外国為替市場は無慈悲なゼロサムゲームです。誰かが勝てば、必ずどこかに敗者がいます。全員が勝者になることはありません。

外国為替市場の取引の多くは、短期的なトレードで利ざやを狙う投機筋です。

投機筋は1か月、3か月、半年、1年といった短いスパンで成績を評価されます。成績が悪ければクビですから、確実に勝とうとします、

利益の乗っているポジションがあれば早めに利益確定して今日の収益をプラスにしようとしますし、成績を大きく損なわないように含み損のポジションがあれば早めに決済しようとします。

それに自分が寝ている間に市場が急変したら大変なので、帰宅する前にはポジションを決済しようともするでしょう。東京で働くトレーダーであれば15時前にはその日のポジションを決済しようとするし、ロンドンで働くトレーダーは0時すぎに決済します。ニューヨーク勢なら朝5時には決済するでしょう。

ここから考えられることは、**ある市場がクローズする間際には「ポジションを解消しようとするニーズ」が存在する、**ということです。

具体的に考えてみましょう。

次ページの図では、16時からジワジワと上がっています。

トレードの基本は順バリなので投機筋は買いポジションを持っているはずです。逆にい

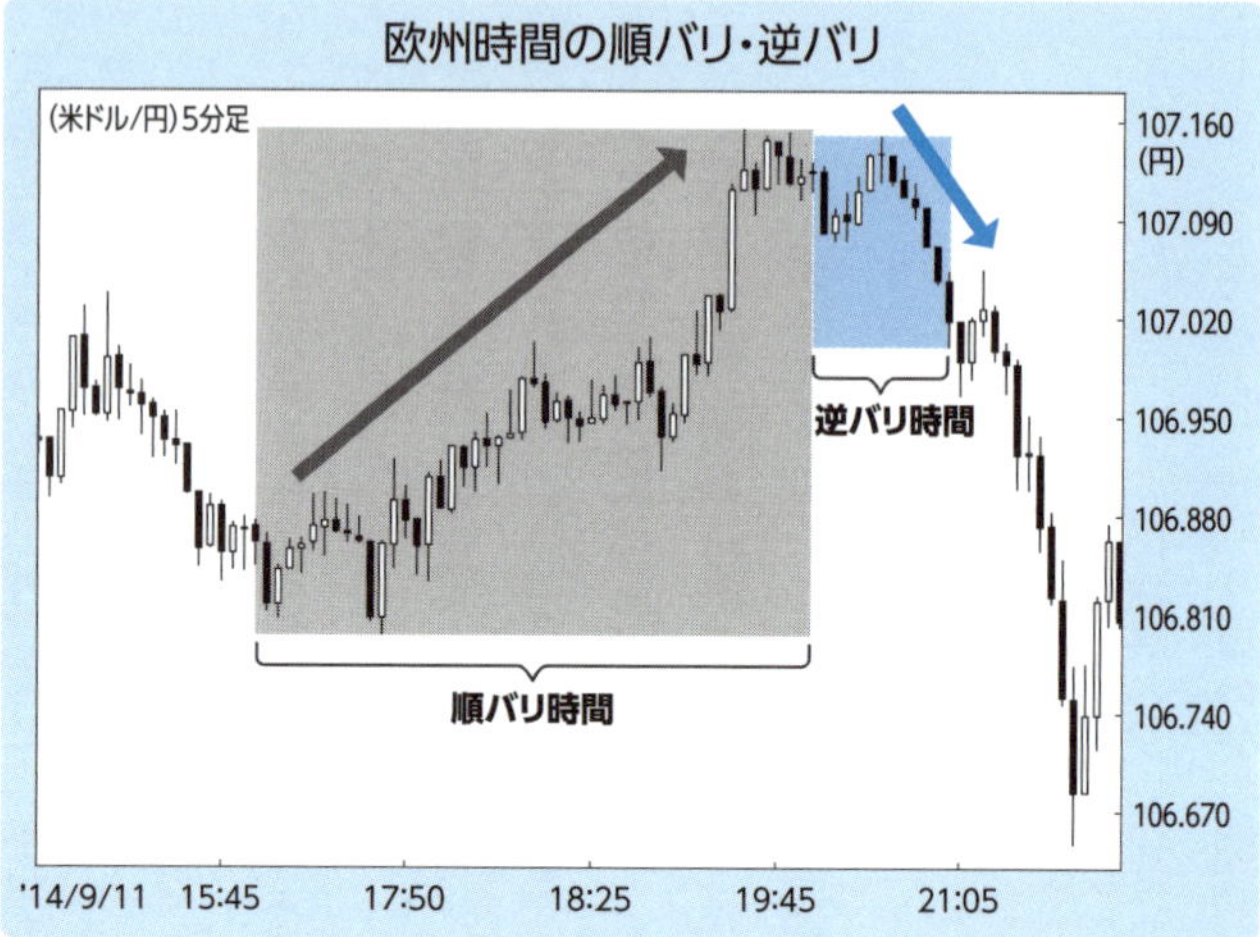

えば投機筋が買っていった結果、ジリジリと上がっていったとも考えられます。

20時くらいになると、含み益を抱えたポジションを見ながら彼らはこう考えます。

「今日もいいトレードができた。21時30分には指標発表があって先が読めないから、一度手仕舞っておこうか」

そうやって買い手に回っていた投機筋が売り始めたせいで20時すぎからは下落が始まっています。後で詳しく触れますが、下落が終わるのは指標発表による乱高下が一段落した22時すぎです。

こうした動きはロンドン市場に限ったことではありません。東京市場も同じように9時から14時ころまで続いていたトレンドが、14時を過ぎると反転するといった動きがよく見られます。

こうした東京市場のトレーダーの心理からは次のような法則が導き出せますよね。

- **9時から14時までは順バリの時間**
- **14時から15時までは逆バリの時間**

9時になったらその日のトレンドを見て、上がっていたら買いで、下がっていたら売りでついていくのが正解だし、順バリで取引を始めたら14時までに利益確定してください。

14時になったら、今度はそれまでのトレンドと反対に逆バリで取引します。14時までに上がっていたらその日の高値付近だったら14時からは売りで、14時までに下がっていたら14時からは買いです。そのポジションは15時までに決済します。

順バリ・逆バリは時間が決めてくれる

同じことは、ロンドン市場やニューヨーク市場でも言えるのですが、**ひとつ気をつけないといけないのが、先にも触れたアメリカの経済指標発表です。**

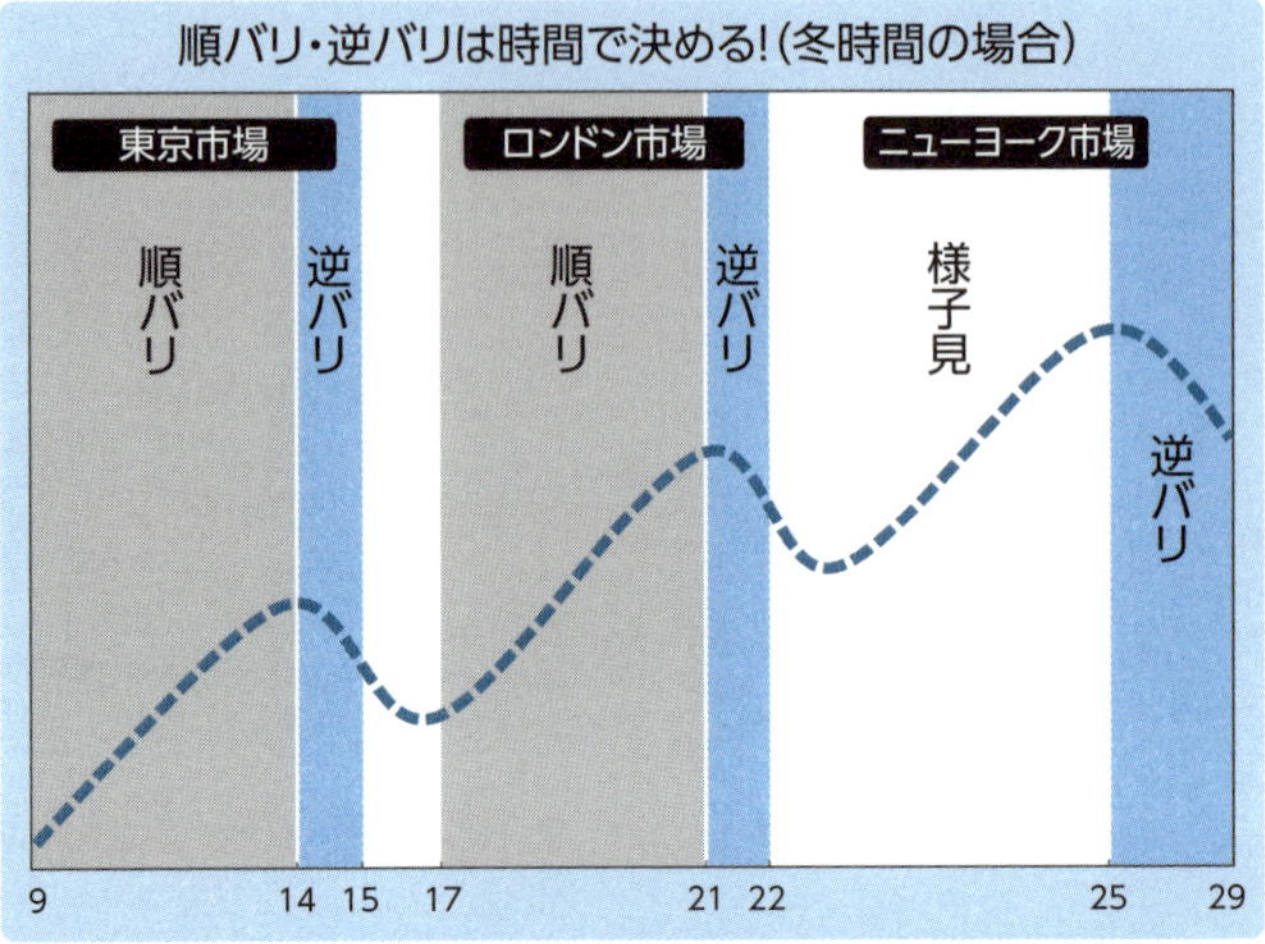

毎月第一金曜日に発表される雇用統計を筆頭に、「22時半（夏時間21時半）」はアメリカで経済指標の発表が集中する時間です。経済指標の結果によって、市場は乱高下します。事前に予想されていた数字よりも実際に発表された数字がよければドル高になりますし、予想よりも悪ければドル安です。

でも、経済指標の数字を事前に予想するのはとても困難です。**それを仕事にしているプロのエコノミストでも予想が外れることが多々あるので、僕らに予想できるはずもありませんし、投機筋も同じです。**

予想できないとき、どうするのが賢明ですか？

取引しないこと、それに持っているポジシ

順バリ・逆バリの時間を覚えておく

夏時間		冬時間	
9時から14時	順バリの時間	9時から14時	順バリの時間
14時から15時	逆バリの時間	14時から15時	逆バリの時間
16時から20時	順バリの時間	17時から21時	順バリの時間
20時から21時	逆バリの時間	21時から22時	逆バリの時間
21時から24時	取引を見送る	22時から25時	取引を見送る
24時から28時	逆バリの時間	25時から29時	逆バリの時間

ヨンがあれば決済しておくことですよね。

東京市場の14時から15時かけて起こるのと同じことが22時半（夏時間は21時半）の経済指標発表に向けて起こるわけです。

ということは、ロンドン市場の時間では次のような法則を導き出せますよね。

- **17時から21時までは順バリの時間**
- **21時から22時までは逆バリの時間**

アメリカの経済指標は早いものだと21時半には発表されてしばらくは市場が荒れやすいので、もうひとつ付け加えましょう。

- **22時から25時までは取引を見送る**

ただ、これは冬時間の場合です。夏時間に

なったら、1時間早めて考えてください。ここから先に紹介する法則も同じです。

一方で果敢にも経済指標の発表前後に取引していた人たちはニューヨーク市場のクローズに向けてポジションを手仕舞おうとします。ロンドン市場の時間は25時半まででしたから、そうした動きは25時すぎに始まります。それに合わせてニューヨーク勢も同じように決済へと動き出すので、25時から29時までは逆バリの時間です。

・25時から29時までは逆バリの時間

ここまでをまとめると、P74、P75の図のようになります。

僕も「14時だから逆バリで売る」「20時だから順バリで買う」と判断しているわけではなく、次章以降で説明していく需給分析やテクニカル分析と組み合わせて見ているのですが、投機筋の心理の変化に合わせた時間帯ごとの順バリ・逆バリを自分のなかでルールにしておくだけで、「負けない確率」はグッと高まるはずです。

指標トレードはギャンブル

少し話はそれますが、経済指標についても触れておきます。

経済指標の発表で市場が乱高下するところを狙って取引する人も多くいます。

でも、**僕は指標でのトレードはしません。**

それにはいくつか理由があります。

ひとつは市場が乱高下しているときはスプレッドが広がりやすいこと。スプレッドが広がり取引コストが高まると、利益の期待値も下がってしまいます。

それに経済指標は先ほども書いたように、どちらに転ぶか、事前に予想できません。合理的に予想できないもので取引するのはギャンブルと変わりません。

最後に、僕がほぼスマホでしか取引しないという環境のせいでもあるのですが、スマートフォンでの指標トレードが難しいことがあります。

経済指標発表直後の乱高下は非常に激しく、スマホだけではついていけません。発表された指標の数字を確認して、チャートを見て、発注してと、すべてを瞬時にスマホだけで対応するのは困難です。

経済指標発表による乱高下を狙うのは派手で楽しげに見えるかもしれませんが、**確実に勝てる場面だけを狙って、できるだけ資金を減らさないように心がけることもトレーダーの大事な仕事だと思います。**

「時間の武器」だけでも勝てる！

僕のトレードでは時間以外にも2つの武器があるのですが、時間だけを頼りにしても勝てるということを紹介しておきたいと思います。

２０１４年10月、実際に僕が取引したケースです。

この日の午後、僕はまさにこの本の打ち合わせをしていました。

東京市場の終わり間際、14時から15時の逆バリと、このときはまだ夏時間だったので16時から20時までの欧州時間の順バリは、僕の好きな時間帯です。

この時間帯にはなるべく打ち合わせを入れたくないのですが、このときは仕方ありませんでした。

ちなみに5つの順バリ・逆バリ時間のなかで、好きなもの、やりやすいと感じるものをあげると、1位は先ほど書いた東京時間の逆バリ（14時〜15時）と欧州時間の順バリ（17時〜21時、夏時間16時〜20時）です。その次がニューヨーク時間の逆バリ（25時〜29時、夏時間24時〜28時）ですね。

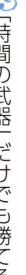

「時間」だけでも勝てる!

さて、打ち合わせが終わったのは17時すぎでした。まだ欧州の順バリ時間です。

このとき1ドル＝108円半ばでした。あとで詳述しますが、僕はいつも参考に株価を見ています。この日の日経平均は420円の大幅安ですから、円高にふれやすいということがわかりました。

実際の朝9時からの東京市場で下げて14時からの逆バリ時間に少し戻して、といった動きになっています。

ここでひとつ覚えていただきたい傾向があります。

・東京市場の高値・安値を抜けると、トレンドが生じやすい

僕がよく使うセオリーのひとつです。

欧州の順バリ時間に東京市場の高値を上抜けると上昇トレンドになりやすく、東京市場の安値を割ると下降トレンドになりやすい傾向があります。

このときも東京市場の安値を抜けたところで売って、セオリー通りに下げてくれました。

為替市場の「特異」な傾向

時間帯によって、順バリと逆バリを判断するのが僕のやり方の基本ですが、時間がもっと直接的な取引材料になることがあります。

いわゆる「アノマリー」と呼ばれるものです。**アノマリーとは「通常ではないこと、合理的な説明のつかないこと」**とされています。

「体育の日は晴れやすい特異日だ」と聞いたことがありませんか?

体育の日だからといって雨雲が避けるはずもなく合理的な説明はつかないものの、過去のデータから見てなぜか晴れることが多いといわれています。これもアノマリーといえると思います。

こうしたアノマリーが為替市場にも存在します。

「窓埋め」とは

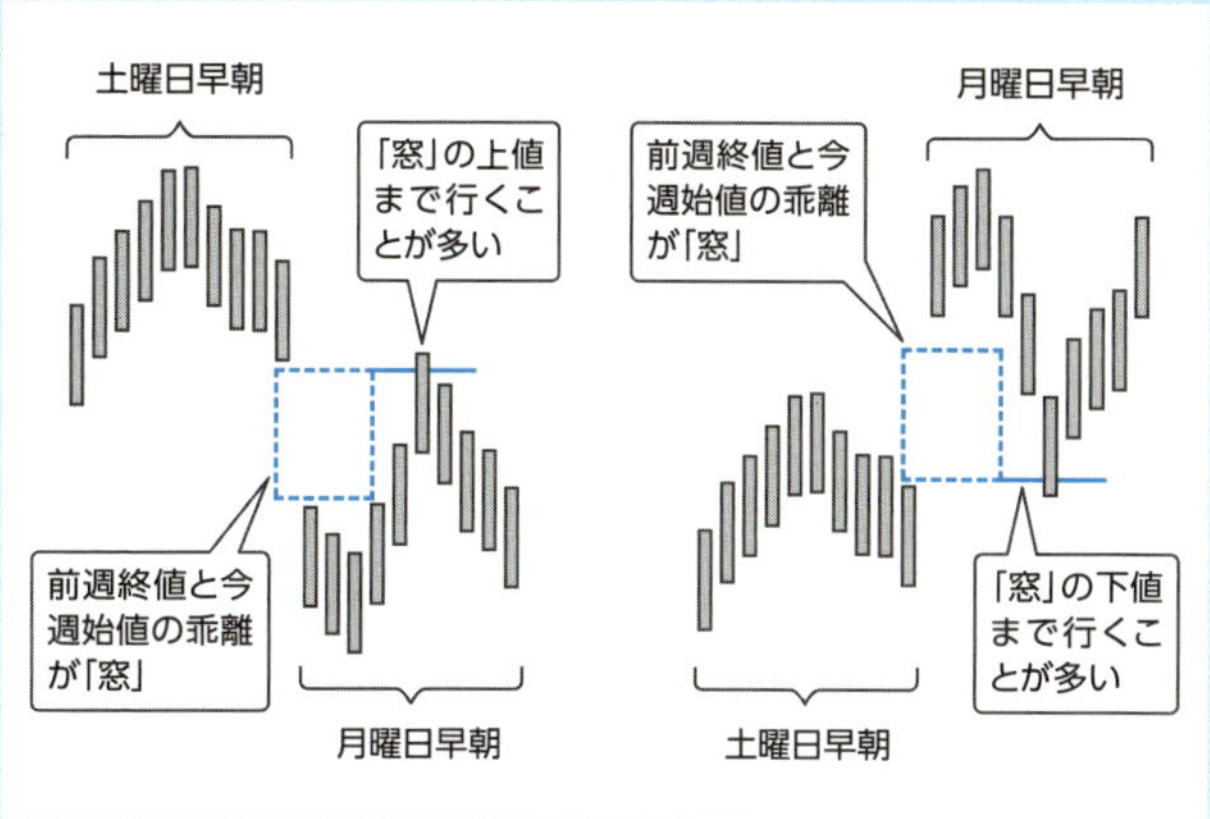

ここからは3つのやり方を紹介しましょう。

ひとつが「月曜日の窓埋め」です。

FXは24時間取引できますが、土曜日と日曜日はお休みです。ニューヨーク市場が閉まる土曜日の朝7時（夏時間だと6時）ころから、翌週の取引が始まる月曜日の7時（夏時間だと6時）ころまで取引はできません。

ただ、市場は休んでいても為替レートを動かすようなニュースが日曜日に起こるかもしれません。

そうすると1週間の最後につけた為替レートと、翌週最初の為替レートに乖離が発生することがあります。この乖離が「窓」です。

土曜日の7時に1ドル110円で終わったの

に、次の月曜日の7時に109円で始まったら、109円と110円の間に「窓が開いた」といわれたりします。

でも、窓を開けっ放しにするのは行儀が悪いですよね。

為替市場も同じです。「窓を埋めにいく」ことがよくあります。

109円で始まった月曜日の早朝、やがてジリジリと上がって110円まで達することがとても多いのです。

なので、月曜日の早朝に窓開けしていたら、窓を埋める方向にポジションを取りましょう。先ほどの例なら買いです。

ただ、東京市場が始まると別の要因で動き出しますから9時までには決済します。

月曜日の早起きは三文以上の得

実際のチャートで見てみましょう。

2014年9月7日の月曜日、ポンド/円は大きく窓を開けて始まりました。前週の終値は171円50銭、月曜日の早朝は169円73銭です。

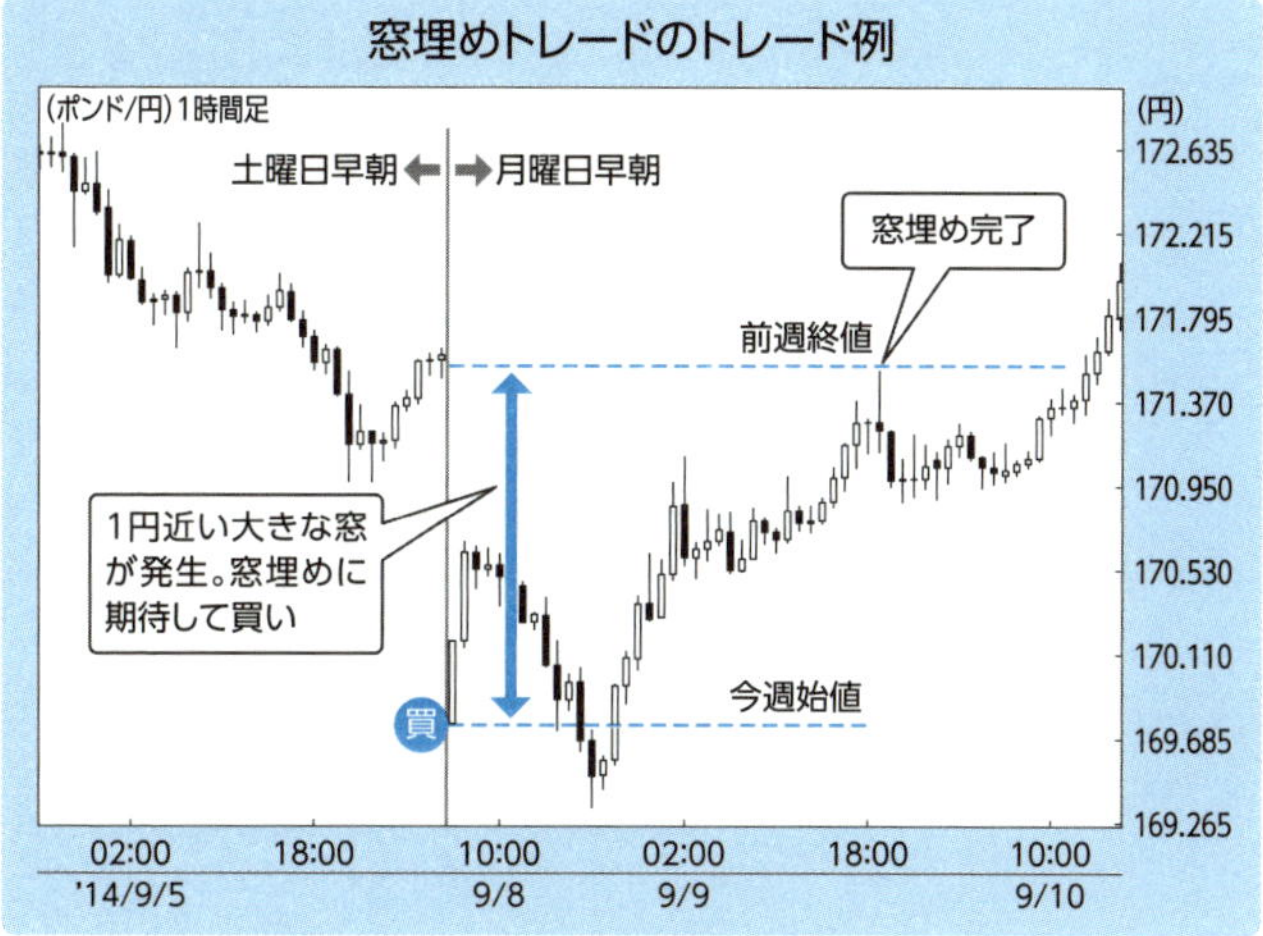

なにがあったかというとスコットランド独立の是非を問う国民投票を控えて、世論調査の結果が発表されたからです。独立賛成派が予想よりも多かったため、ポンドの悪材料とされました。

朝7時に窓を埋める方向にポジションをとるのが僕のセオリーです。上側に開いている窓を見たら買いで入ります。

窓を埋めないこともあるので、損切りも忘れずに入れておきます。僕の場合、だいたい10銭ほど反対方向に動いたら損切りするようにしています。

利益確定の目安は窓を埋め終わるポイントですが、これだけ大きい窓だとそう簡単には埋まりません。

少なくとも東京市場が始まる9時までに決済するのがセオリーですし、僕は30分から1時間半程度で決済することが多いです。

このときは東京市場が始まる30分前、170円46銭まで戻したところで決済しました。その後、窓は埋めましたが、東京市場からロンドン市場にかけて下落した場面もあったので、早めの決済で正解だったのだと思います。

窓埋めトレードでは注意点もあります。

東京市場が始まる前の時間帯はニュージーランドのウェリントン市場やオーストラリアのシドニー市場です。あまり出来高の多い市場ではないので、スプレッドが広がりやすく、急激な値動きも発生しがちです。もしも反対方向に急激に動いた場合は速やかに損切りしてください。

月曜日の朝は少し早めに起きて、窓埋めを狙ってみてはどうでしょうか。

ゴトー日は「仲値のドル買い」を狙う

東京市場が始まると、もうひとつのアノマリーがあります。「仲値の円安」です。

仲値が何かというと、銀行が取引するレートです。銀行で外貨両替したりするときの為替レートは、ＦＸのように刻々と変わるわけではありません。仲値がその日一日の基準となります。

仲値は朝９時55分の為替レートが基準になります。

銀行としてはドルを安く仕入れておき、高く顧客に売りたいという願望があります。そのために９時55分までに米ドルを大量に買っておきます。そうすれば安く仕入れると同時に自ら相場を持ち上げて仲値を吊り上げることができます。

つまり、９時から仲値が決まる９時55分までは米ドル／円は上がりやすくなります。

「仲値のドル買い」の傾向は「ゴトー日」にはさらに強まります。

ゴトー日とは「５」と「０」のつく日です。具体的には５日、10日、15日、20日、25日、それに月末です。ゴトー日が土日や祝日だと前倒しになります。5日が月曜日で祝日だったとしたら、ゴトー日は直前の営業日である金曜日、2日になります。

ゴトー日には貿易決済が集中しやすく、米ドルへの需要も普段に比べて増加します。「仲値のドル買い」の傾向がさらに強まるわけです。

これがわかっていれば、ゴトー日には事前に米ドル／円の買いを仕込んでおくことができますよね。

ただし、トレンドが円高にふれているときや、前日に米国株が急落していて円高になりやすいときなどは、ゴトー日であっても「仲値のドル買い」が効きにくいので見送ります。

もうひとつ付け加えると、仲値に向けてドル高円安が進んだあと、9時55分を境にして一時的に落ちる動きもよくあります。

9時54分に米ドル／円の売りを入れると、高い確率で勝てます。ただ、短期的な動きを利用した取引なので、長くとも30分以内に決済します。

「仲値のドル買い」は合理的な理由がはっきりしているので、アノマリーとはいえないのかもしれませんが、時間による値動きの特徴として覚えておくと便利です。

「ゴトー日の仲値売り」トレード例

ひとつ実際のチャートを示しておきます。２０１４年８月20日の10時前後、「ゴトー日」の仲値売りです。

この日は小動きでしたが、９時すぎからジワジワと上がっていました。こんなときは９時55分の直前に売ってみます。

ただ、もともと値動きが活発ではありませんから、僕がいつも狙うような10銭の利幅ではなく、もっと狭く５銭くらいの利益を狙います。

上のチャートを見ると、仲値以降、下げていますよね。ただ、下げ幅は大きくありませんから、５銭ほどで利益確定します。

もし下がらなかったとしても、10時半までには決済します。10時半には中国市場が開くからです。

中国市場は普段はあまり意識しませんが、仲値売りのときは狙う利幅も狭いですから、中国市場のような細かな出来事も気にするようにしています。

「スワップ3倍デー」の逆バリ取引

金利って魅力的ですよね？

自分は何もしないのにチャリンチャリンとお金が入ってくるのはとても魅力的です。

FXでも外貨預金のような金利があります。「スワップ金利」と呼ばれるものです。豪ドル/円であれば、オーストラリアと日本の金利の差がスワップ金利となります。

オーストラリアの金利が年2・5%、日本が年0・1%だとすれば、豪ドル/円を買っていれば2・5%から0・1%を差し引いた年2・4%のスワップ金利が期待できます。

でも、豪ドル/円を売っていれば、0・1%から2・5%を差し引いて年2・4%のスワップ金利を支払わないといけません。

このスワップ金利は毎日決まった時間に発生します。日本のFX会社の場合、ニューヨーク市場が閉まる朝7時前後（夏時間だと6時前後）であることが多いです。この時間をまたいでポジションを持っていると、スワップ金利が加算されます。

FXの取引とは関係のない話になりますが、僕たちがFXで行う取引は「スポット（直物）取引」と呼ばれる為替取引です。スポット取引では取引を約定させた2営業日後に資金の受け渡しを行います。

ただ、FXでは実際に資金の受け渡しは発生しません。決済するまで受渡日を繰り延べていきます。これが「ロールオーバー」で、ロールオーバーとともにスワップ金利が付与されます。

この辺の話は取引に直接関係ないので、ぼんやりと理解しておけばいいところです。大切なのはここからです。

スワップ金利は2営業日後が基準になっているわけです。月曜日なら水曜日の受け渡しを前提として、スワップ金利が計算されます。土曜日や日曜日はFX会社もお休みなので、

「スワップ3倍デー逆バリ」トレード例

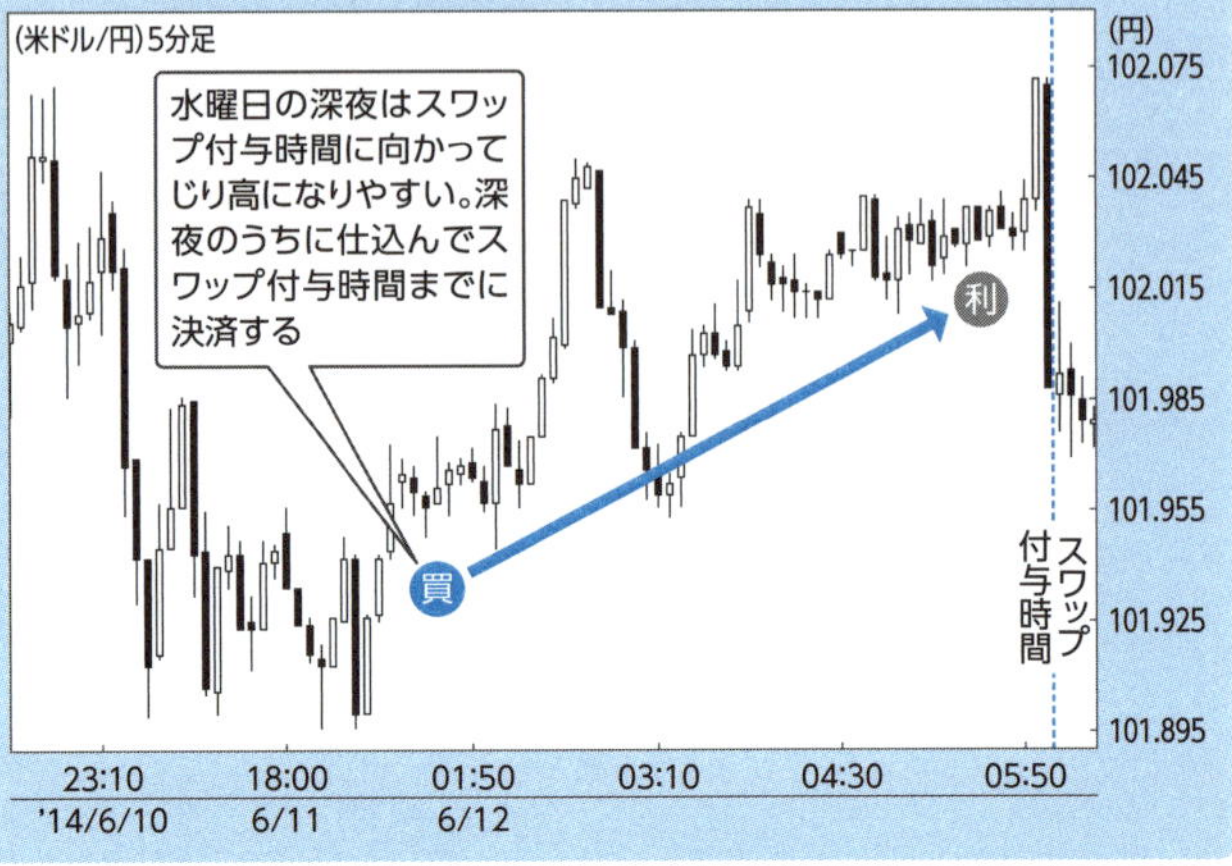

木曜日の2営業日後は月曜日です。**そうするとどうなるかというと、木曜日には土曜・日曜・月曜の3日分のスワップ金利が付与されます。**

木曜日の朝にポジションを持っていると、通常の3倍のスワップ金利になるのです。

これは裏ワザではなく、「スワップ3倍デー」としてFXではよく知られた話です。

水曜日の深夜から木曜日の朝に向けて3倍のスワップを目当てに、金利の高い通貨が買われやすい傾向が出てきます。

とくに日本はゼロ金利政策を継続中ですから、高金利通貨と円の通貨ペアで円を売るとスワップ金利が受け取りになることがほとんどです。だからといって「3倍のスワップを目当てに高金利通貨を買おう」と言いたいわけじゃありません。いくらスワップが3倍とはいっても、金額にしたら1万通貨あたり数百円です。**値動きにすれば2銭か3銭程度の話なので、大きな旨みはありません。**

もっと魅力的なやり方があります。

3倍のスワップを目当てにした投資家心理の裏をいくのです。

水曜日の24時ころからだんだんとスワップ目当ての買いが入り始めて、木曜日朝7時、夏時間なら6時に向けて円安になりやすい傾向があります。

この動きに便乗して、自分たちも同じようにポジションを仕込みましょう。

午前4時あたりから、スワップ金利目当ての大口の買いが入り、ぐんぐん為替レートが上がっていくケースもあります。

ただ、ロールオーバーされる6時、7時を過ぎると、反対に下がることもよくあります。スワップ目当ての投資家が決済するからです。

なので、スワップ金利には目をくれず、ロールオーバーの10分前には決済するようにしましょう。

もちろん、時間ごとの順バリ、逆バリは意識します。

スワップ3倍デーの逆バリは円の絡んだ通貨ペアであれば買い取引になります。時間的にはニューヨークの逆バリ時間での取引になるので、全体的なトレンドが下げているときに、より有効になります。

ただ、アメリカの政策金利が発表されるＦＯＭＣ（連邦公開市場委員会）は午前4時（夏時間3時）に発表されます。ＦＯＭＣは約6週間ごとの開催なので、木曜日と重なることはまれですが、もしも重なったときは避けたほうがよいでしょう。

Fourth chapter

投資家の心理を読む

心理を推測する正統理論と「裏ワザ」

ＦＸで勝つためにもっとも大切なのは人間心理の変化を読み解くことです。本章では、その大きなヒントとなるふたつの材料を紹介します。

ひとつは正統派の相場理論です。もうひとつは多くの人が知らない「裏ワザ」です。

正統派の理論からいきましょう。

材料とするのはチャートです。

相場には3種類しかない、ということを先ほど説明しました。アップトレンドとダウントレンド、それに方向感のない状態であるレンジです。

この3種類の相場はランダムに繰り返されるわけではありません。

潮の満ち引きをイメージしてください。満ちた潮は必ず引きますし、潮が引いた後には再び満ちてきます。満ち引きの繰り返しです。

相場もこれと同じで、トレンドとレンジを繰り返しています。大きく動くトレンドのあ

トレンドとレンジは「買い手と売り手の関係」で決まる

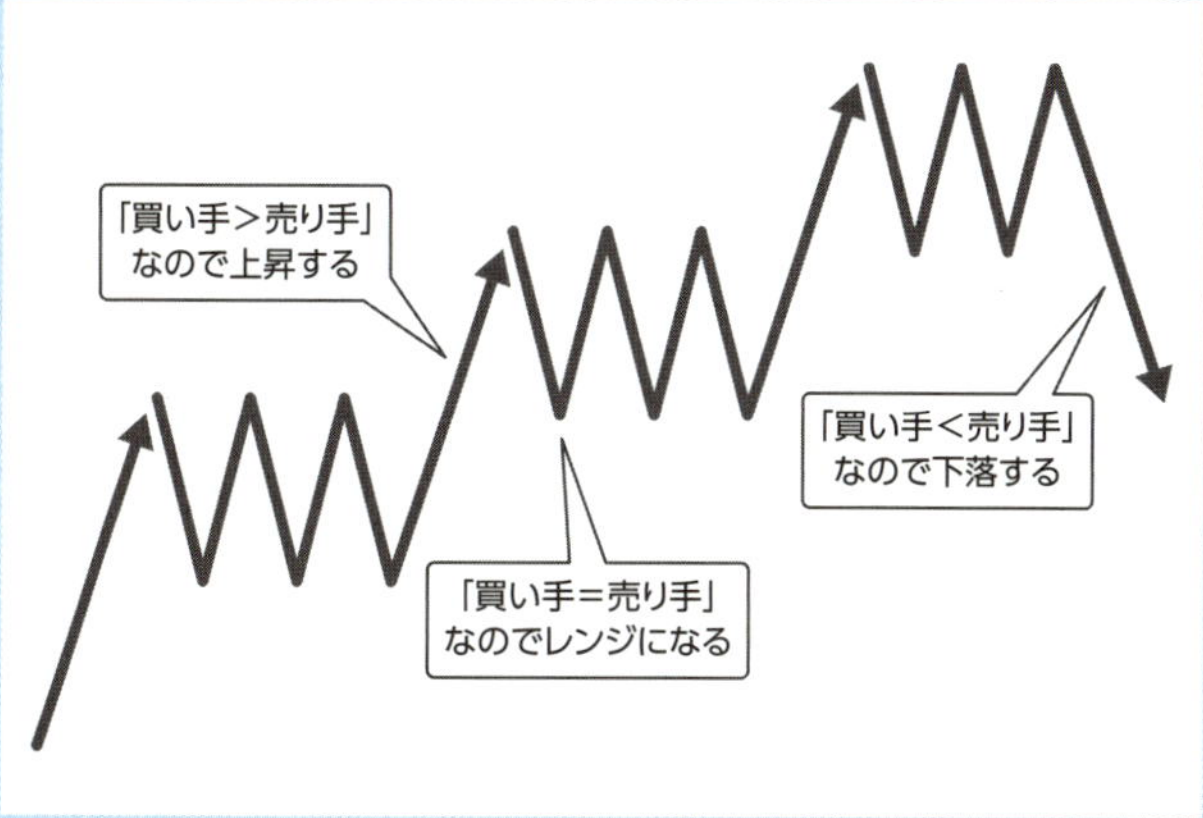
「買い手＞売り手」
なので上昇する
「買い手＝売り手」
なのでレンジになる
「買い手＜売り手」
なので下落する

と、潮が引くように値動きが縮小してレンジとなり、再び値動きが拡大してトレンドが生まれ、レンジに戻るという繰り返しです。

潮の満ち引きのようにトレンドとレンジを繰り返す相場、その心理を想像してみてください。

トレンドはなぜ生まれるのでしょうか？

需要と供給から考えれば、ものすごくカンタンな話です。

買いたい人が売りたい人よりも多ければ為替レートは上昇して、アップトレンドが生まれます。

でも、相場が上昇してくれば、買いたい人はだんだん減ってきて、逆に買っていた人の利益確定売りが出てきますし、新しく売りたいと思う人も出てきますよね。

最初は買い手が圧倒的に多かった状況が、だんだんと売り手も増えてきて、上昇の勢いが鈍ってきて、そしてレンジになるわけです。

レンジ相場では　買いたい人と売りたい人が同じくらいになるので、上にも下にも行きません。トレンドという潮が引いた状態です。

買い手と売り手のバランスが崩れると相場が動き出す

ただ、もちろんレンジ相場はいつまでも続きません。

次ページの図ではレンジに四角形を描きました。レンジ相場では四角形の上辺にあたる高値と、下辺にあたる安値がとても重要になります。

レンジ相場の高値を上に突き破ったとき、何が起こるでしょうか?

レンジ相場の中では、買い手と売り手が交錯していました。買っている人も売っている人もどちらもいます。

ダウ理論の要諦は「支持線・抵抗線」

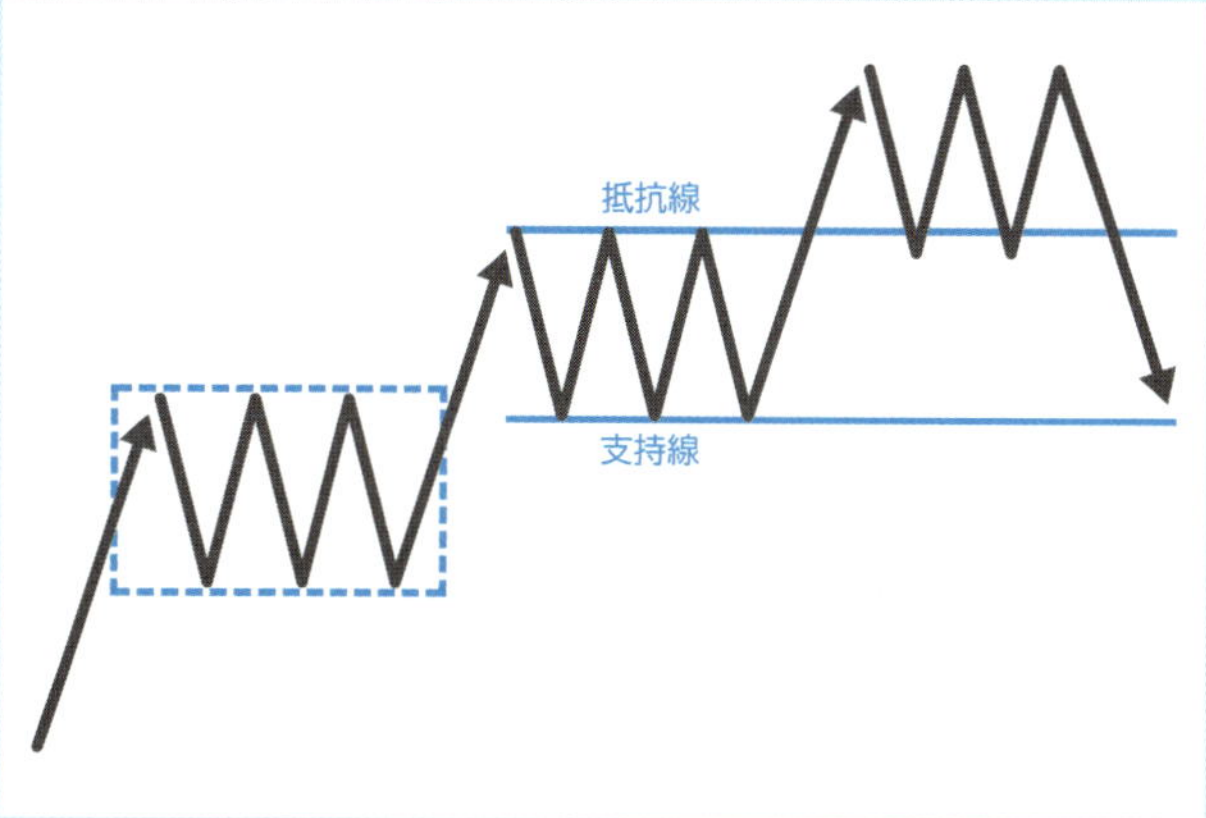

レンジ相場を上抜けると、売り手は焦りますよね。

「ヤベっ、上に抜けちゃった」と。もちろん焦るだけでなくマウスを動かします。損切りボタンをクリックするんです。売りポジションの損切りですから、買い注文です。

一方で買い手は調子づきますよね。

「よしっ、上に抜けたっ！」と。調子づくだけでなく、マウスを動かして、買い増しする人もいるはずです。

それまで拮抗していた買い手と売り手のバランスが一気に崩れて、買い手優位となり、アップトレンドが生じるんです。結果的に相場は上に大きく跳ね上がります。

このときレンジ相場の高値だった為替レートに水平に引いた線は「上値抵抗線」、あるいは「抵抗線」や「レジスタンスライン」と呼ばれます。

安値に引いた水平線は「下値支持線」や「支持線」「サポートライン」です。

一般的に抵抗線や支持線を抜けると値動きに勢いが生じやすいとされますし、逆に抵抗線を上抜けるには強いエネルギーが必要となりますし、支持線を突き破って落ちるのにも大きなエネルギーが必要となります。

支持線や抵抗線は「値動きが止められやすいポイント」ですし、「もしも抜けたときは値動きに勢いがつきやすいポイント」となります。

買い手は下にある支持線を見て「落ちたとしても支持線を下抜けることはないだろう」と考えて、支持線を目安に損切りオーダーを置きますし、売り手も同じです。「上がったとしても抵抗線で止められるだろう」と考えて抵抗線を目安に損切りを置きます。

抵抗線や支持線は役割を変えることがあります。先ほどの図をもう一度見ていただきたいのですが、レンジ相場では抵抗線となっていたラインが上にブレイクすると、今度は支持線に変わるといったことがよくあります。

抵抗線・支持線は心理の変わり目に

さて、ここまで説明してきた支持線や抵抗線から相場の心理を読み解くやり方は、僕のオリジナルではありません。

僕よりもずっと昔に生まれた、19世紀に活躍したチャールズ・ダウという人が考案した、相場の古典となっている「ダウ理論」です。

ダウ理論の便利なところは、どこでエントリーしたらいいのか、いつ損切りしたらいいのかが、明確なところです。

どこでエントリーしたらいいのか？

- **抵抗線を明確に上抜けたところで買い**
- **支持線を明確に下抜けたところで売り**

この2点ですよね。そうすればトレンドが始まる可能性の高いところでいち早くエントト

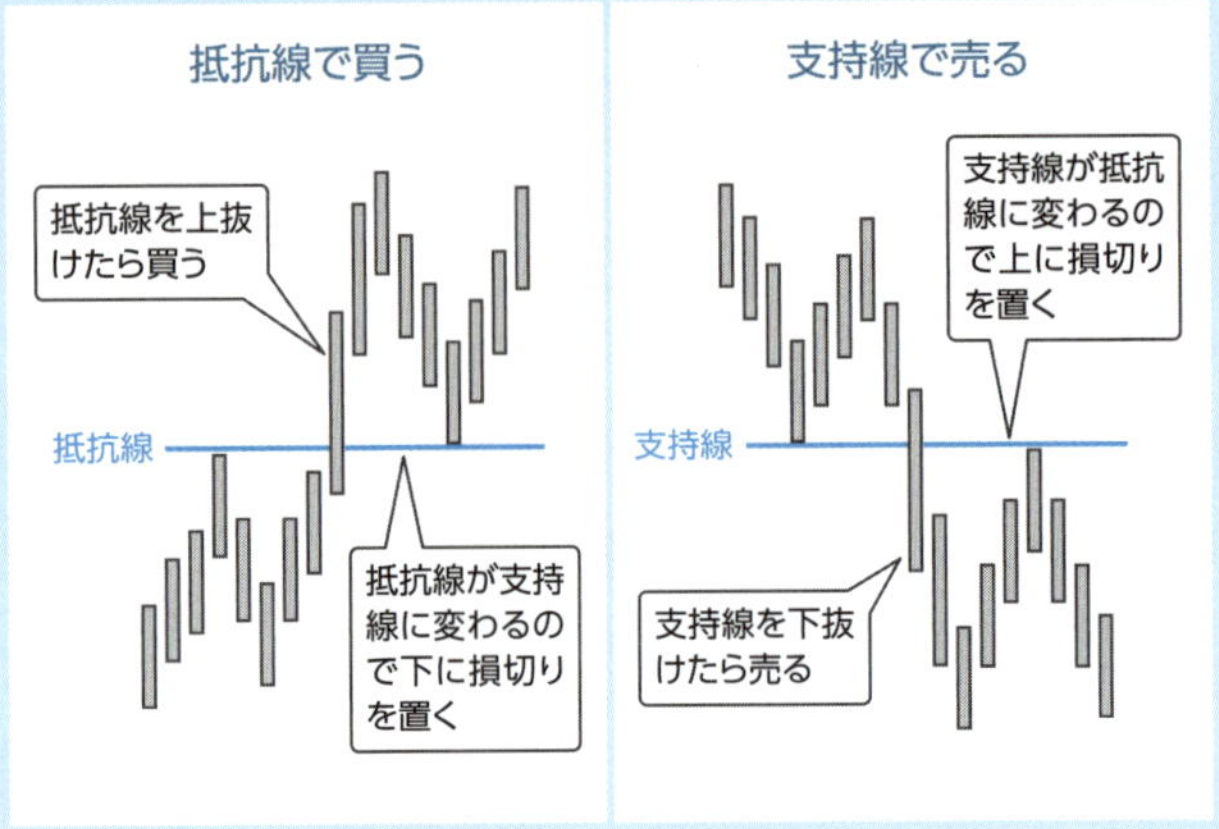

ダウ理論が売買ポイントを教えてくれる

リーできます。

いつ損切りしたらいいのか？

- **買いの場合は支持線を下抜けたとき**
- **売りの場合は抵抗線を上抜けたとき**

となります。それぞれポジションと反対方向に相場が走り出す可能性が高いからです。

ダウ理論を使えば、初心者の人が迷いがちな「どこで買ったらいい？」「いつ損切りしたらいい？」という悩みがなくなるんです。

僕はダウ理論だけで売買しているわけではありませんが、チャートを見たときに「どこが支持線か」「どの抵抗線が重要か」とすぐに想像できるようにしてください。

短期トレードで大切なのは「勢い」です。

値動きに勢いがついて走り出すところでトレードできると、短期間で大きな利幅が狙えます。

どこで値動きの勢いがつきやすいかというと、市場参加者の心理が一斉に変わるときですし、それを教えてくれるのがダウ理論なんです。

ハイエナから身を守る防具がダウ理論

ダウ理論は相場の古典理論なので、FXをまっとうに取引しているような人は皆、知っているし、先ほど書いたような「どこでエントリーするか」「いつ損切りするか」というポイントを少なからず意識しています。多くの人が意識しているポイントは、それだけ相場への影響力も強くなるんです。

ダウ理論を知らないで「いい感じに上がってるから買う」「いいところまで上がったから売る」と値頃感で売買していると、ハイエナの群れに資産を食い散らかされるだけです。最初の僕のように。

「ダウ理論+時間」のトレード例

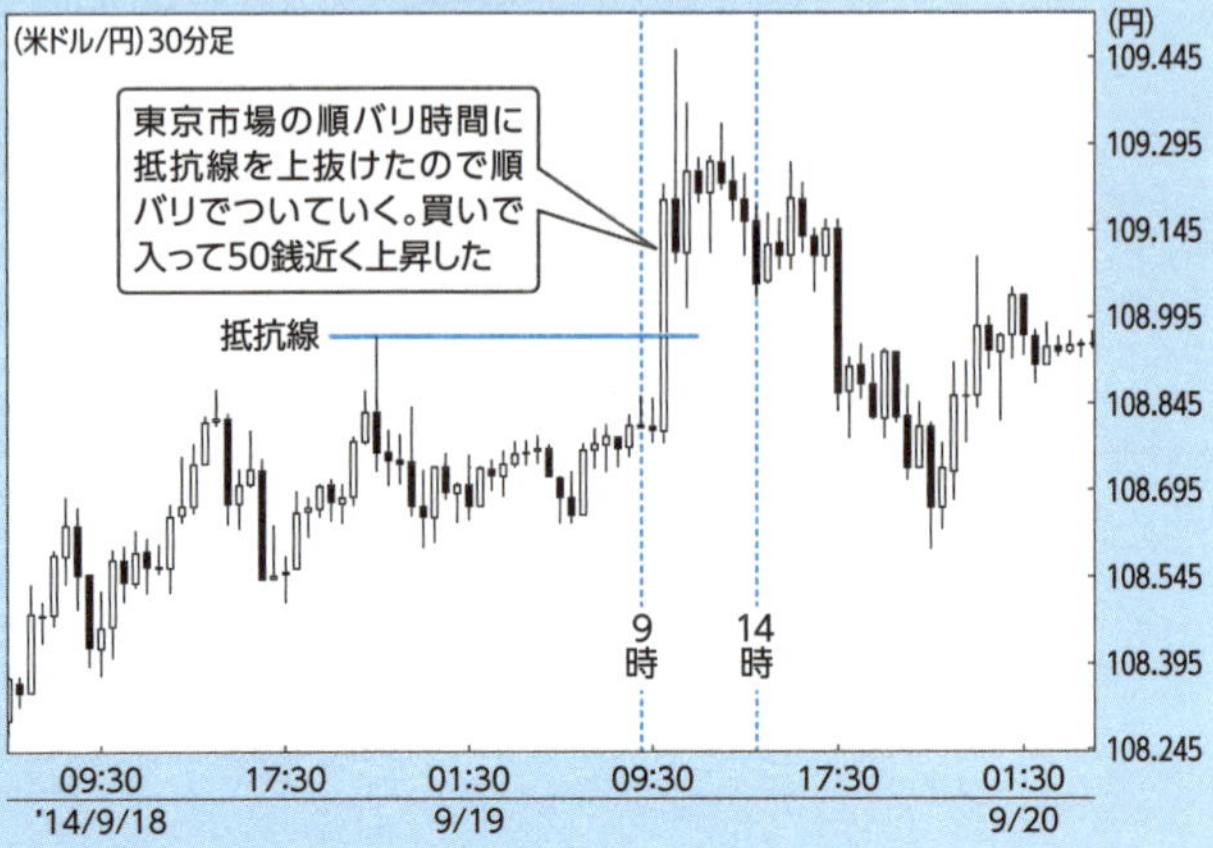

抵抗線と支持線、実際にチャートに線を引いてもいいですし、引かないまでも頭のなかで「ここがみんなの意識する高値だな」「ここは節目として見られている安値だな」と意識してください。

ダウ理論と前章で紹介した時間による取引ルールを付け加えると、それだけでも強力な武器となります。

２０１４年９月19日朝９時すぎの取引例をひとつ示しておきましょう。

東京市場の順バリ時間です。順バリ時間では支持線を下に抜けたり、抵抗線を上に抜けたりといった値動きに勢いがつきやすいポイントを狙います。

このときは前日高値108円90銭台の抵抗線に注目していました。「この抵抗線を抜けたら買おう」と決めていたので、10時すぎに動き出したのを見て、ルール通りに買いでエントリーです。

期待通りに、抵抗線を抜けたとたんに50銭近く上昇してくれました。

ダウ理論と時間による順バリ・逆バリを遵守するだけで、相場を読み解くのはこんなにも容易になります。

相手の「手の内」が見られる情報

ダウ理論は市場参加者の心理を類推できる貴重な考え方ですが、でも支持線や抵抗線で本当にみんなが注文を入れている保証はありません。

実際にダウ理論は万能の理論じゃないので、抵抗線を上抜けたのにレンジに戻ってしまったり、支持線を割ったのに再上昇してしまうことは少なくありません。

抵抗線や支持線に、本当に注文が入っているかどうか、確認できれば、ダウ理論をより有効に使えるはずですよね。

オアンダのオープンオーダーのアクセス方法

①オアンダ ジャパンのHP（http://oanda.jp/）にアクセス
②マーケット情報のメニューから「オープンオーダーとポジション」を選択
③頻繁にアクセスするので「オープンオーダーとポジション」のページをブックマークしておく
※スマートフォンでもまったく同じ手順でOK!

株ならば、東京証券取引所や名古屋証券取引所にどれだけ注文が入っているか、「板」があります。いくらの株価に何株の買い注文が入っているか、売り注文が入っているか、こと細かに見ることができます。

でも、**他のプレイヤーがいくらのレートにどのくらいの注文を入れているか、見ることができれば、大きなアドバンテージになる**のですが、ＦＸでは難しいことです。「外国為替市場」とはいっても、単一の市場がないのですから。

ところが、そんな情報が見られるサイトがあるんです！

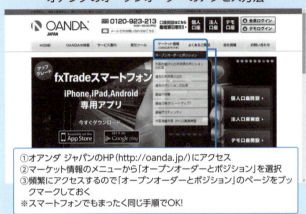

オアンダ ジャパンというFX会社の「オープンオーダー」です。

もちろん外国為替市場すべての注文が見られるわけではなく、オアンダに集まっている注文の情報だけです。

でも、オアンダは世界に展開するＦＸ会社で、多くの人に利用されています。世界のオンライン取引の20％以上がオアンダを経由しているので、オアンダの情報は「世界の市場参加者の縮図」と考えられます。

こんな素晴らしい情報が誰でも、無料で見られます。口座を作る必要もないんです。パソコンでなくても構いません。スマートフォンでも見られます。

ものすごくありがたいですよね！

ちなみに、僕は別にオアンダの回し者じゃありませんから（笑）。

オアンダの情報はトレードに欠かせないものですが、実際の注文は別のＦＸ会社で発注していたりもします。

「オアンダ情報」の見方は必須知識！

オアンダの情報の見方には、ちょっとクセがあります。

皆さんもオアンダジャパンのウェブサイトを開いてみてください。パッと見ただけでは、なんのことかわかりませんよね。僕もそうでした。

左側にあるオープンオーダーグラフに示されているのは、オアンダに集まっている指値と逆指値の情報です。

真ん中が現在のレートです。左図のオープンオーダーを見てください。

現在レートを基準にして、右上が逆指値の買い注文、左下が逆指値の売り注文です。一方、左上は指値の売り注文で、右下が指値の買い注文です。

棒の長さは注文の量を示します。

これがオープンオーダーの見方です。右側のオープンポジションについては後ほど解説します。

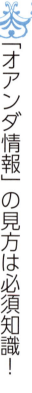

オアンダ情報の基本的な見方

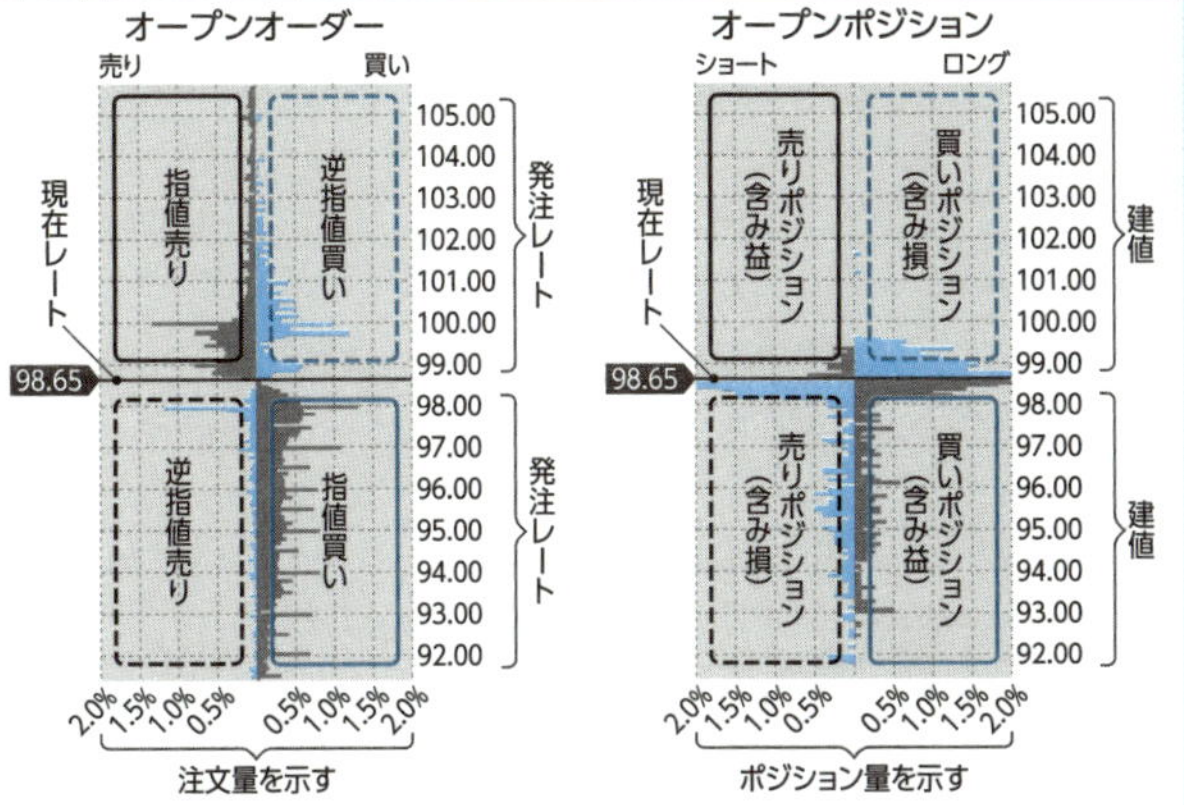

その意味を読み解くためには、指値と逆指値をどう使うのか、ご存知の人も多いかもしれませんが復習しておきましょう。

指値注文とは「この為替レートで買いたい」「この為替レートで売りたい」と思ったときに使う注文方法です。

1ドル110円のときに、「もう少し安く買いたいな」と思ったら109円に指値の買いを入れたり、「もう少し高く売りたい」と思ったとき、111円に指値の売りを置いたりします。

ただ、指値を使うのは新規注文のときだけではありませんよね。

109円で買ったあとに「111円になっ

指値と逆指値の基本を確認

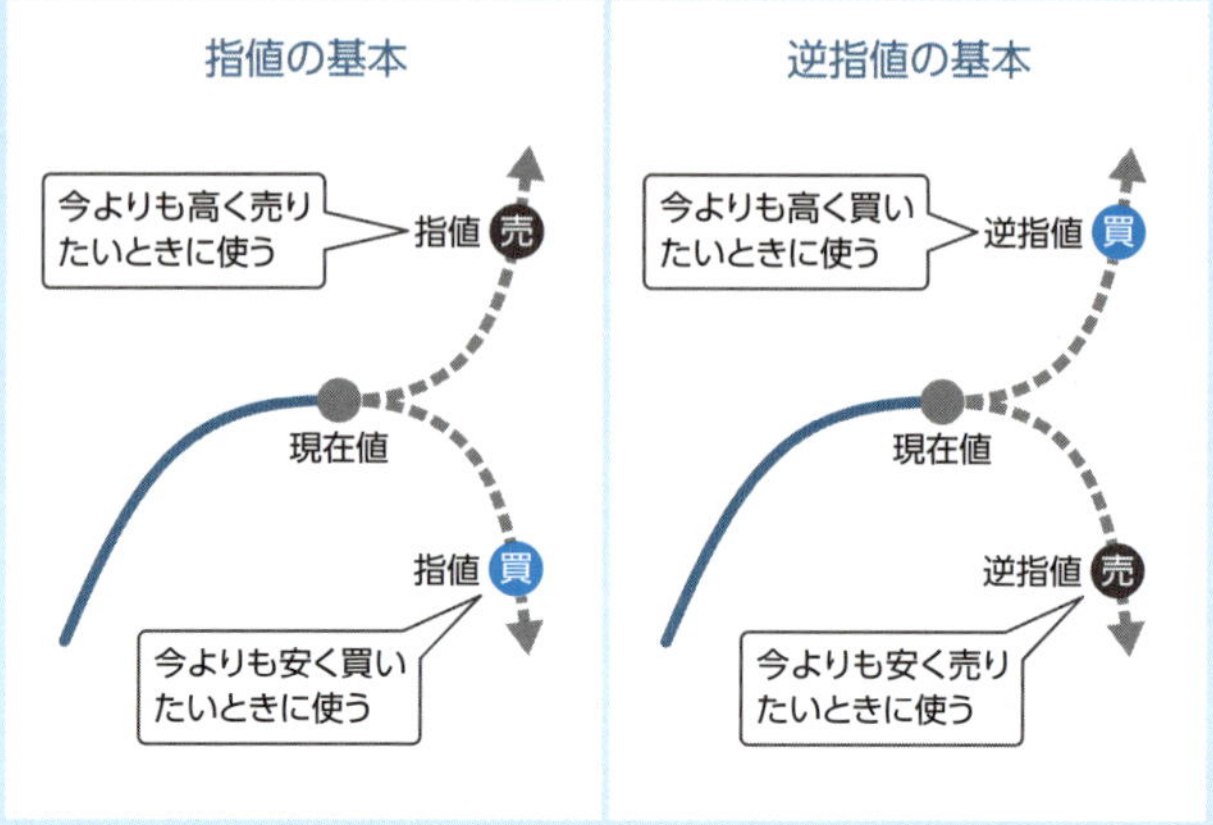
指値の基本
今よりも高く売りたいときに使う
指値 売
現在値
指値 買
今よりも安く買いたいときに使う
逆指値の基本
今よりも高く買いたいときに使う
逆指値 買
現在値
逆指値 売
今よりも安く売りたいときに使う

たら利益確定のために売りたい」と思ったら、指値の売り注文を１１１円に置くこともあります。あるいは、１１１円で売ったときに「１０９円まで下がったら決済しよう」と１０９円に指値を置くこともあるでしょう。

新規と決済のいずれにせよ、指値注文で指定するのは「今よりも自分にとって有利なレート」です。

「今より安く買いたい・今より高く売りたい」というときに使う注文方法と言い換えてもいいでしょう。

逆指値注文は指値とは正反対の注文方法です。「今より安く買いたい・今よりも高く売りたい」のが指値でしたが、逆指値では「今

より も高く買いたい・今よりも安く売りたい」ときに使う注文方法です。
わざわざ不利な為替レートを指定する注文方法を指定して発注します。

どんなときに逆指値を使うでしょうか？

ダウ理論を思い出してください。ダウ理論では次の2点でのエントリーが考えられました。

・抵抗線を明確に上抜けたところで買い
・支持線を明確に下抜けたところで売り

今1ドル110円です。111円には抵抗線があります。ダウ理論に従えば111円を上抜ければアップトレンドの発生が濃厚です。でも、仕事があってチャートを見ていられない……。

そんなときに逆指値注文は使えます。「今は110円だけど、今よりも高い111円に買い」ですよね。

これが逆指値を新規注文に使うときの発想です。

指値・逆指値の裏側にある心理

でも、僕はこの使い方はしません。

僕が逆指値を使うのは決済のときです。それも必ず、使います。

1ドル＝110円で10万ドル買ったとしましょう。「1ドル＝110円で10万ドルの買いポジションを持っている」状態です。買ったのですから、今後ドル高を予想したわけです。

でも、外国為替市場はいつも予想通りに動いてくれるわけではありません。予想に反して105円になれば、トータル50万円の損が出てしまいます。そんなに大きな損失はイヤですから、決済の逆指値注文を109円に置きます。もしも相場が急落しても、損失幅は1円で済みますから、金額にして10万円です。

「損失を小さくし、利益を大きくすること」はFXで勝つコツです。

投資で勝っている人は「損切りを確実にできる」人ですから、逆指値注文を取引するたびに毎回必ず使います。「必ず」です。ここがポイントになります。

指値と逆指値がどこに入っているかを見られるのが、オアンダの「オープンオーダー」

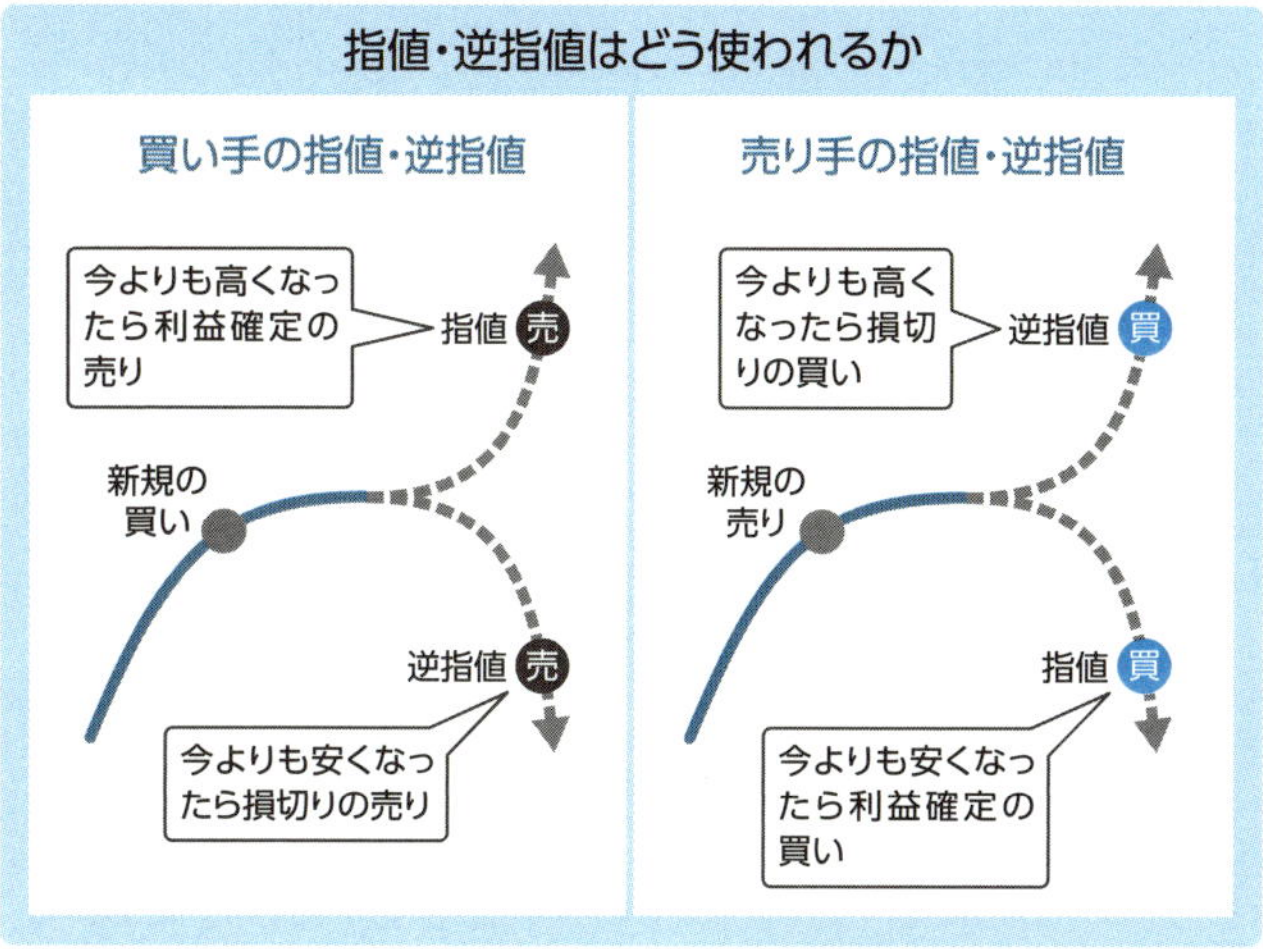

でした。

指値と逆指値の心理を考えてみましょう。

指値は新規の注文で使われることの多い注文方法です。新規の注文をするとき、皆さんはどう考えますか？

一度にまとめて買うと高値をつかむリスクがあるから、少しずつ分けて買おうと考えたり、指値を使わずに成行で注文することも多いと思います。あるいは一度入れた指値を変更したり、取り消したりすることも多いでしょう。

逆指値は損切りに使われることの多い注文方法です。

損切りはＦＸで勝つために絶対に必要です。

逆に言えば銀行や証券会社で取引しているようなプロのディーラーは必ず損切りを入れています。しかも損切りするポイントは分けたりせずに一箇所に集中させることが多いですし、損切りを取り消したりすることは——初心者はやってしまいがちですが——破滅への近道ですからプロはしません。

指値と逆指値、どちらが重要かといえば逆指値なんです。

逆指値のたまったレートまで動き、そして走る

オアンダのオープンオーダーに戻ると、大切なのは右上の逆指値の買いと、左下の逆指値の売りです。

ここで思い出してほしいことがあります。

「FXは無慈悲なゼロサムゲームである」ということです。

誰かが損切りすれば、それは別の誰かの利益になります。

そこで熟練のトレーダーが何をするかというと、他人に損切りさせようとします。それ

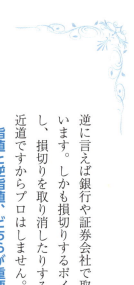

「オープンオーダー」に注目!

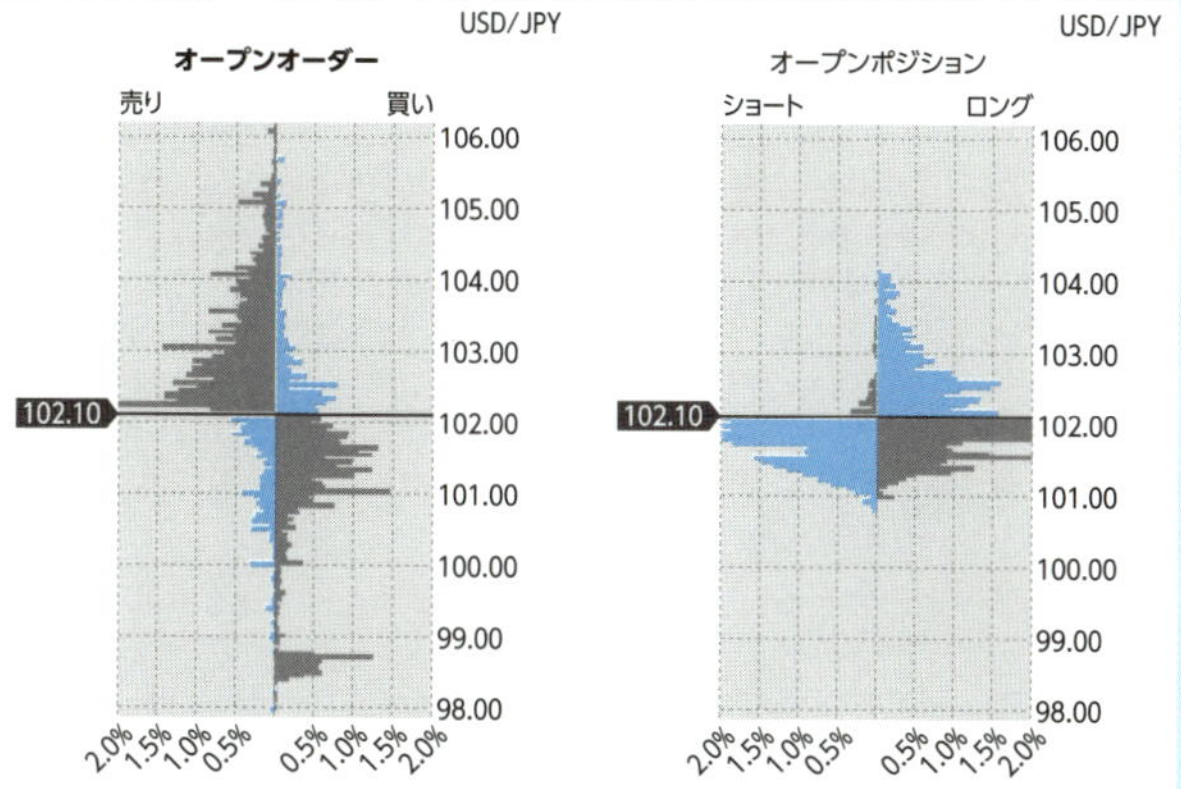

が自分の利益になるからです。

損切りを置かれるポイントはダウ理論にのっとって、買いならば支持線、売りならば抵抗線が目安とされることが多いはずです。

つまり、「そこを抜ければ走りやすいポイント」です。熟練のトレーダーは他人の損切りによって支持線や抵抗線をブレイクさせて、損切り注文が発動して、相場が走ったところを狙って取引しようとするのです。

ここからわかるのは次の2点です。

- **大きな損切りがあるところまで為替レートは動きやすい**
- **大きな損切りが約定すると相場に勢いが生まれやすい**

他のプレイヤーの逆指値をうまく使いこな

せると、トレードがもっと面白くなります。

指値にも重要な意味があります。

逆指値が「そこを抜けると走るポイント」であるのに対して、指値は「そこで反発しやすいポイント」です。

上がっていても大量の売り指値が入ったポイントまでくれば、そこで上昇は止められやすいですし、下がっていても大量の買い指値が入ったポイントでは下げ止まりやすくなります。

前ページの図のオープンオーダーを見ると、現在のレートが１０２円10銭。少し上に大量の売り指値が入っています。上がっても少し上、１０２円20銭～30銭くらいが限界だろうと、わかるわけです。

しかも、このときは時間も14時台で東京市場の逆バリ時間ですから、「少し上がってきたら売りで入ろう」と、オープンオーダーだけでも戦略が立てられるわけです。

ポジション状況で相場の方向がわかる

オープンオーダーを開くと同時に表示される右側のオープンポジションもとても便利です。

オープンポジションでは、他の投資家がいくらでどのくらいのポジションを現在持っているのか、わかります。

相場はゼロサムゲームですから買い手と売り手、どちらかが負けることによって、もう一方は利益を得て、相場は勝者の方向へと動きます。

どちらが勝者になる可能性が高そうか、教えてくれるのがポジション情報です。

オアンダのウェブサイトでみると、オレンジ色と青色の2色でグラフが描かれています。右側のオープンポジションは、オレンジ色は含み益、青色は含み損になっているポジションです。

見方としては、「買い手と売り手、含み益が多いのはどちらだろう」と確認してくださ

い。これで買い手と売り手、どちらが優位なのかが一目瞭然になります。

買い手の含み益が多く売り手の含み損が多ければ相場は上昇する可能性が高いですし、売り手の含み益が多く含み損で苦しんでいる買い手が多いならば下落する可能性が高くなります。

チャートを見なくてもオアンダのオープンポジションを見るだけで、おおよそのトレンドがわかるんです。

チャートは人によって解釈が分かれますが、オアンダのポジション情報なら解釈の違いも少なく、初心者の方でも安心してトレードを行うことができると思います。

先ほどの図P113の場合、101円から102円の間に多くの売り手がいます。この時点では102円台です。売り手の心理状況を想像してみてください。

101円で売った人たちは1円も上がってしまって困っています。含み損がさらに増えるような損切りして買い戻そうとするはずです。

売り手の損切りが始まれば上昇は加速するでしょう。

「102円10銭以下でショートを持っているプレイヤーが多いため、ショートの人たちの損切りが一巡するまで上がるのではないか」などと、トレンドを見るときの参考材料にもなります。

売り手が多いときに相場が上昇すれば、売り手の損切りによる買戻しが誘引されて、上昇に加速がつきやすい、ということになります。

もちろん、反対に買い手が多いときに相場が下落すれば、買い手の損切り売りが始まり、下落が加速しやすい、ということでもあります。

オアンダ情報の活用法まとめ

具体例で考えてみましょう。

次ページの図は2014年9月5日12時20分の相場状況です。オープンポジションのほうを見てください。

現在のレートより下には売り手がたくさんいることがわかりますよね。含み損を抱えて

「オープンポジション」に注目!

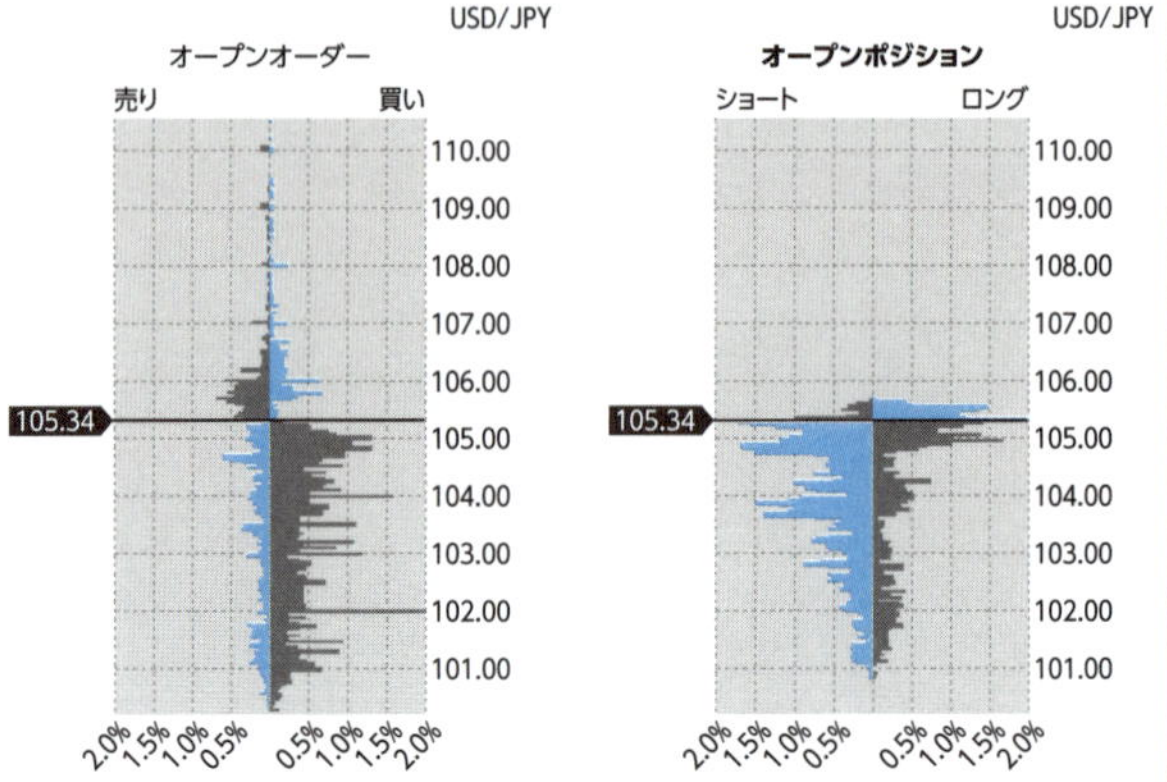

困っている売り手です。

もしも高値を更新していくと、この売り手の買戻しが始まって上昇に拍車がかかりそうだと推測できます。

このときは実際に、間近に迫っていた年初高値の１０５円を超えると相場は大きく上昇していきました。抵抗線を超えるとトレンドが加速しやすいというダウ理論のセオリーの通りでもあります。

ちなみに、このときオープンオーダーからは売買のシナリオが簡単に立てられました。オープンオーダーを見ると１０５円に指値の買い注文が大量に入っています。この時点のレートは１０５円34銭です。

下がってきても、１０５円ちょうどの指値

オープンオーダーの見方

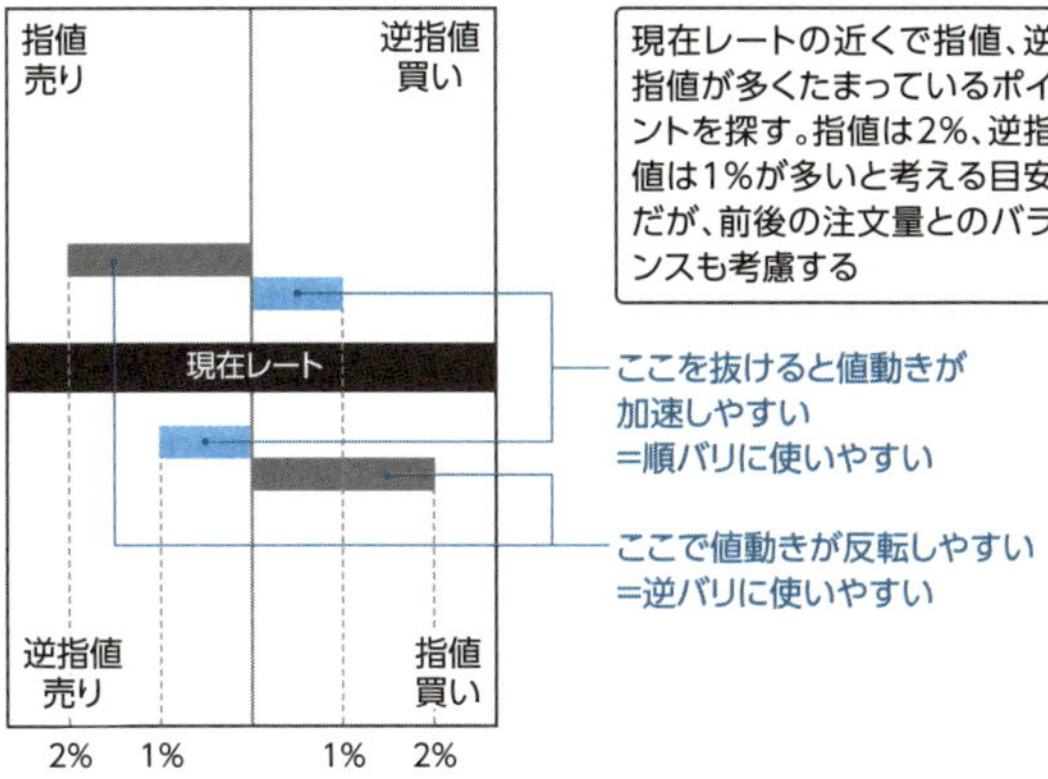

現在レートの近くで指値、逆指値が多くたまっているポイントを探す。指値は2%、逆指値は1%が多いと考える目安だが、前後の注文量とのバランスも考慮する

オープンポジションの見方

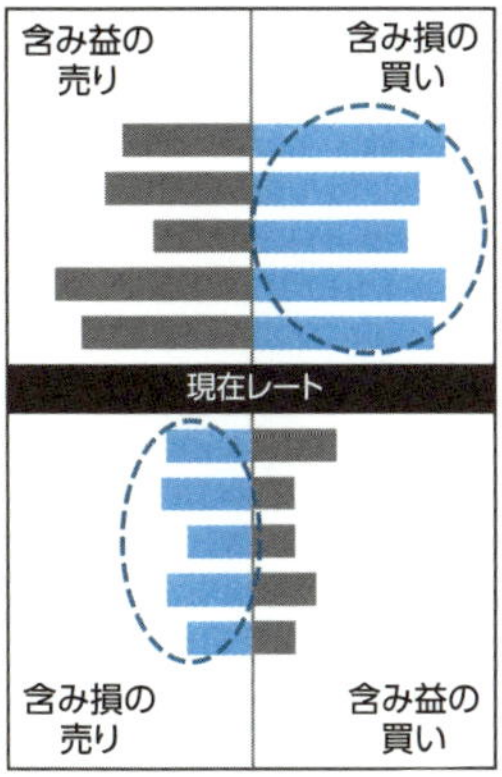

売りと買い、含み損が多いのはどちらかを見る

①含み損の買いのほうが多い
=売り手優位で下がりやすい

②含み損の売りのほうが多い
=買い手優位で上がりやすい

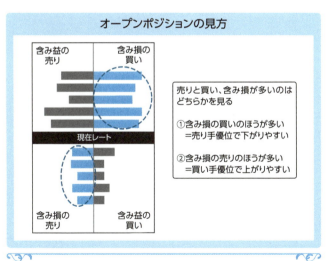

買いが支えてくれて反発してくれそうですよね。

この日の東京市場はダウントレンドでしたから、14時をすぎて東京市場の逆バリ時間になり105円付近まで落ちてきたら、反発に期待して買ってみよう、という戦略がセオリーになります。

オアンダの「オープンオーダー」と「オープンポジション」の見方を前ページの図にまとめておきます。頭が混乱したときはこれを見てください。

相場の需給が見られる情報は他にも

こうした注文情報が見られるのは、じつはオアンダだけではありません。

外為どっとコムでも同じように「外為注文情報」として、利用者の注文状況が見られるようになっています。

ただ、外為どっとコムの利用者は日本だけですよね。

外国為替市場はグローバルですから、僕は世界の人が利用しているオアンダの情報を見るようにしています。

心理がわかるオーダー情報

会社名	オアンダ ジャパン
情報名	オープンオーダーとポジション
概　要	現在値から上下10円の幅で注文状況が表示される。日本だけでなく世界の利用者の情報であるため、より相場全体の動向を示すと考えられる。誰でも無料で閲覧可能
会社名	外為どっとコム
情報名	外為注文情報
概　要	オアンダの情報と使い方はほぼ同じだが、表示される幅は現在値から上下50銭。ポジション比率などの情報もあるが、利用するには同社で一定量以上の取引などの条件がある
会社名	トレーダーズ・ウェブFX
情報名	FXオーダー
概　要	為替ニュース「FXwave」のウェブサイト。銀行などの注文状況を無料で閲覧できる。より詳細な有料版も。また、FXwaveのニュースでも情報が配信される
会社名	GI24
情報名	インターバンクマーケット　オーダー状況
概　要	YJFX!やDMM.com証券などのFX会社に口座を解説すると読める為替専門ニュース。毎営業日、銀行などのオーダー状況のニュースが配信される

こうした注文情報のなかからどれを使うか、人それぞれ好みもあるとは思いますけど、僕が見ているのはオアンダだけです。

為替市場って世界の人、とくに欧米の参加者が中心になって動かしている市場だから日本人だけでなく世界の人が使っているオアンダの注文を見ることのメリットは非常に大きいです。スマホからいつでも見たいときに見られるのもデイトレードにはものすごく有効です。ＦＸのニュース配信会社が提供してくれる銀行などのプロのオーダー情報も役立つとは思うんですが、デイトレードに使うには更新が少なすぎます。それに注文の量も「多め」「やや多め」など抽象的なので、見てもピンと来ません。

オアンダのオープンオーダー、オープンポジションのグラフって最初はとっつきづらいところもありますが、慣れれば「これ以上使える武器ってＦＸ界に存在しない！」っていうくらい強力なので、ぜひ使ってみてください。

Fifth chapter

投資家ほど自制心が必要な仕事もない

なぜみんな損切りができずに死んでいくのか

ここまで他の投資家の心理状態の変化ばかり考えてきましたが、自分の心理についても考えてみましょう。**なぜあなたは損切りできないのか、という問題です。**

FXをすでに始めている人なら、心当たりのある問題だと思います。

もしあなたがまだFXを始めていないなら、言いがかりのように聞こえてくるかもしれませんが、必ず「損切りできない」という壁にぶつかるはずです。

トレードで勝ち残っていくためには、損切りが必要です。

勝つ方法はさまざまでも、負けるトレーダーに共通していることがあります。「損切り下手は必ず負ける」ということです。エントリーと同時にストップ（損切り注文）は必ず入れてください。

買ったらすぐに下がってしまった、どうせすぐに上がるから大丈夫――。

絶対に避けたい強制ロスカット

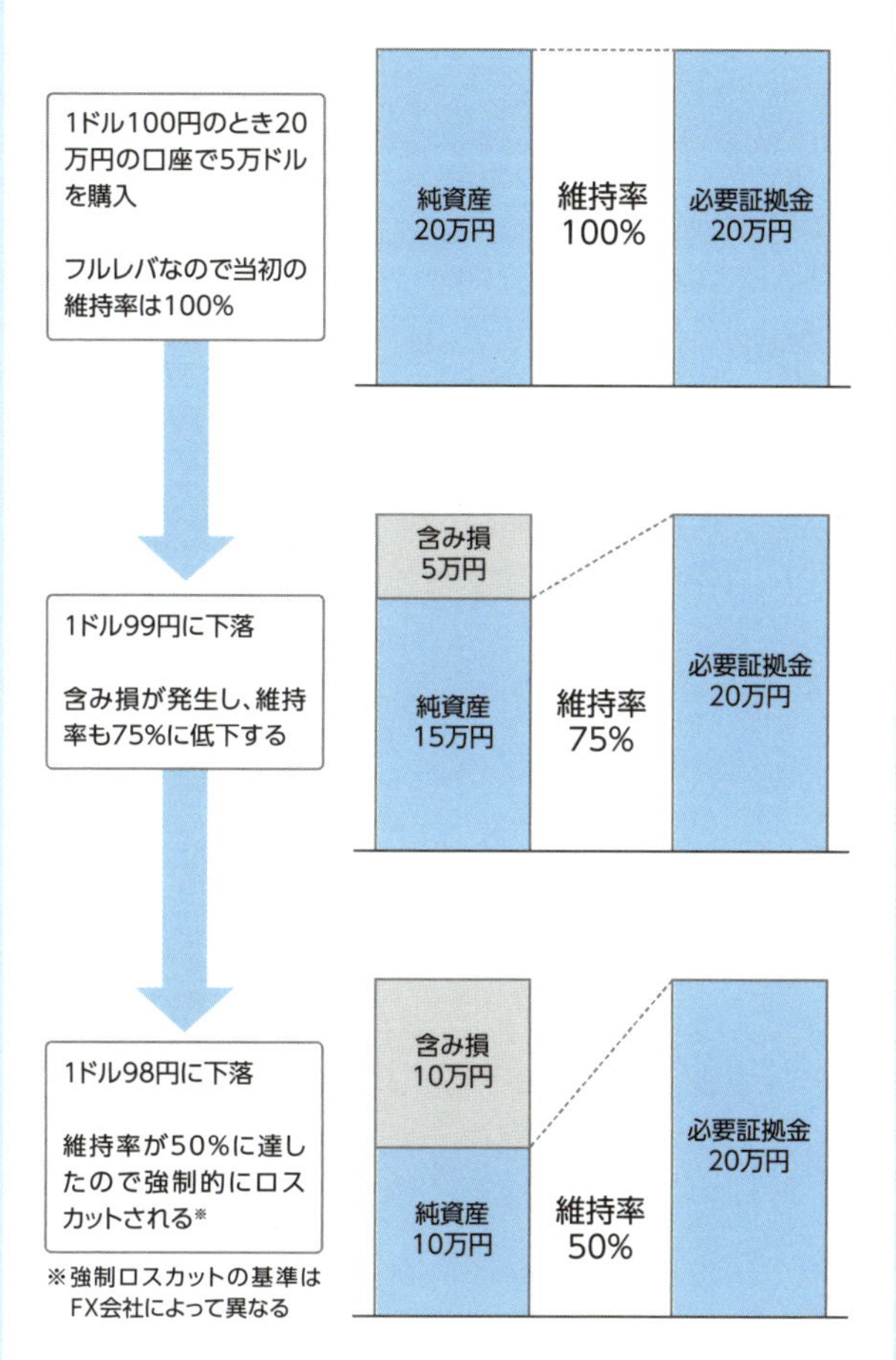

「フルレバ」での資産の減り方

1ドル100円のときに残高20万円の口座フルレバで5万ドルを買い。必要最低証拠金は「4万円×5」で20万円

レート	含み損	純資産 (口座残高±含み損益)	維持率 (純資産額÷必要最低証拠金)
100.00	0	200,000	100.00%
99.75	12,500	187,500	93.75%
99.50	25,000	175,000	87.50%
99.25	37,500	162,500	81.25%
99.00	50,000	150,000	75.00%
98.75	62,500	137,500	68.75%
98.50	75,000	125,000	62.50%
98.25	87,500	112,500	56.25%
98.00	100,000	100,000	50.00%

こんな考え方をしていると、行き着く先は強制ロスカットです。

ＦＸ会社では損失があまりにふくらんで、「決済時に借金を背負う」といったことがないように強制的に損切りさせる仕組みを採用しています。ＦＸを取引するときに絶対に避けたいのが、この強制ロスカットです。

強制ロスカットの仕組みはどのＦＸ会社でも大きな違いはありません。

口座残高に含み損益を加味した純資産額と、今持っているポジションと新規で注文を入れているポジションに必要な証拠金の比率である「維持率」が基準です。この維持率が50％を割ると強制ロスカットとなるＦＸ会社が多くなっています。

後ほど説明しますが、僕のやり方では「フルレバ」を推奨しています。フルレバとは「今持てるポジションを最大に持つ」ということです。

このやり方だと、ポジションを持ったときの維持率は100％です。反対方向に進むたびに維持率が低下し、50％を割ったときに強制ロスカットです。

トレーダーには、自分の誤りを認める素直さが必要です。

「相場はこうなるだろう」と予測しても、相場が予想通り動かなかったら、自分の誤りを素直に認めるべきです。

FXにおいて「自分の誤りを認める」とは、すなわち損切りです。トレーダーにとって損切りは呼吸と同じです。皆さんが意識せずとも息を吸っているように、損切りもまた意識せずともできて当然のことなのです。

ノーベル経済学賞を受賞したプロスペクト理論

ここでノーベル経済学賞を受賞した「プロスペクト理論」から、なぜ人は損切りをできないのか考えてみましょう。

損切りの問題については、ノーベル経済学賞を受賞した学者も研究しています。

行動経済学に属する「プロスペクト理論」です。

1ドル＝110円で買ったけど、下げてしまった。含み損が50万円ある。そんなとき、心の中に悲しみや悔しさ、憤りといった負の感情が育ちます。さらに含み損が100万円に増えると、悲しみの度合いが深まります。150万円まで損失が拡大すれば、もっと悲しみが深くなります。

でも、「取引開始直後から50万円まで含み損が増えたとき」と、「含み損が100万円から150万円まで増えたとき」では同じ50万円の含み損拡大ですが、悲しみの増え方は違いませんか？

含み損と悲しみの量の増え方

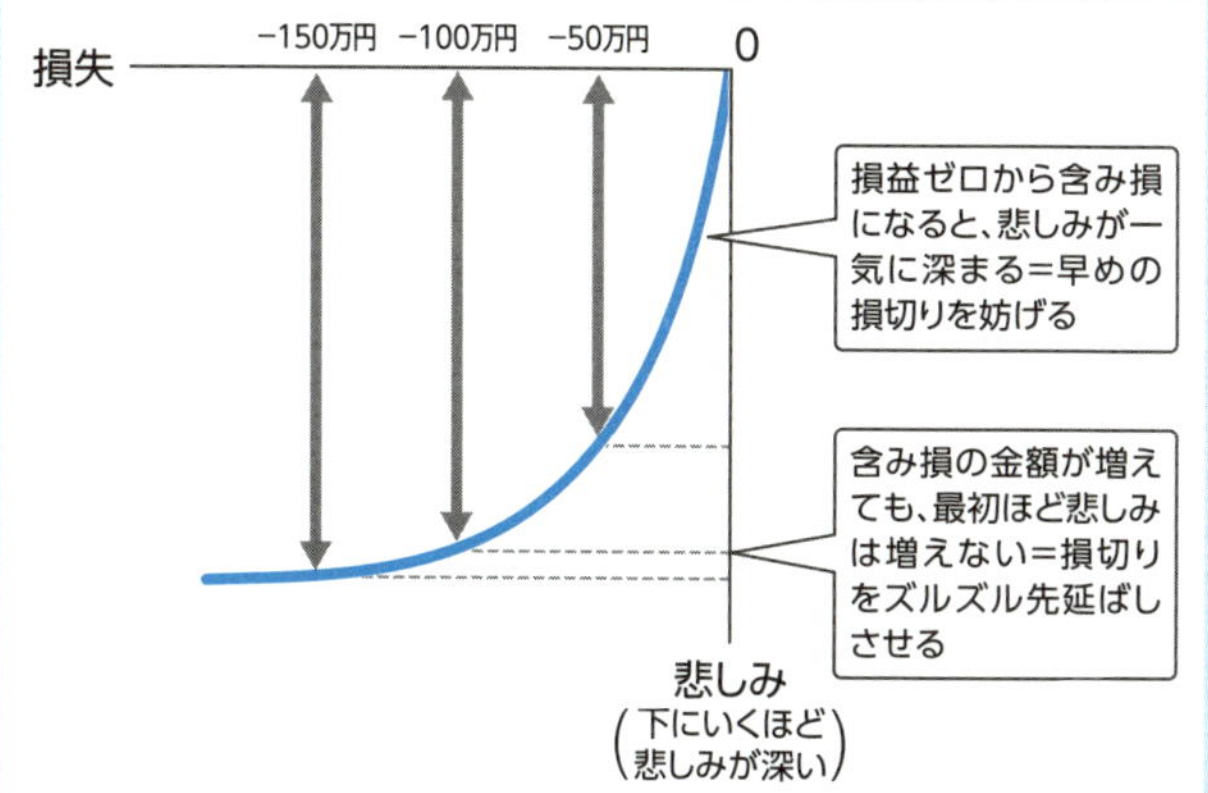
損失
−150万円
−100万円
−50万円
0
損益ゼロから含み損になると、悲しみが一気に深まる＝早めの損切りを妨げる
含み損の金額が増えても、最初ほど悲しみは増えない＝損切りをズルズル先延ばしさせる
悲しみ
（下にいくほど悲しみが深い）

「これでいくら儲かるだろう」とワクワクしてポジションを持ったのに50万円の含み損になってしまうと、どん底に突き落とされたような気持ちになりますよね。

でも、100万円の含み損が150万円まで増えたときには、「どうせクソポジだし」と開き直りすらします。最初に50万円のマイナスになったときより、悲しみの量はそんなに増えないんです。

身近なところでサッカーの試合でいえば試合開始直後、まだ試合が均衡しているときに1点取られるのと、5点差で負けていて敗色濃厚な試合終了間際にもう1点取られるのとの違い、とでもいえばいいのでしょうか。5

点差で負けているときに1失点しようが2失点しようが、もうどうでもいいですよね。サッカーの試合ならば、試合開始直後に失点したからといってあきらめてはいけないのでしょうが、ＦＸではあきらめも肝心です。

１００万円の含み損の時点ですぐに損切りすれば傷が浅く済むものが、この時点では含み損の痛みに対する耐性のようなものができてしまっているので、「もしかしたら買値まで戻るかもしれない」とわずかな望みに期待をかけてしまって、損切りができなくなってしまうんです。

その結果、さらに損失をふくらませて２００万円に達してやっと損切りしたのが、1章で紹介した僕の大失敗トレードです。

目の前の利益に飛びつくな!

もうひとつプロスペクト理論で知ってほしいのが、同じ50万円の利益と損失では「儲かる喜び」よりも「損する悲しみ」のほうが絶対量が多いという特徴です。

僕が50万円の含み益を抱えたときの喜びを仮に10としましょう。

僕が50万円の含み損を抱えたときの悲しみは10よりもはるかに大きく、20にも30にもなるのです。

そうすると、何が起こるかというと、「小さな損のうちに損切りする」ということができにくくなります。最初の50万円の含み損のとき、もしも買値まで戻れば20の悲しみが帳消しになります。ところが、50万円の含み損が100万円に増えても悲しみは5しか増えません。

感情の面から見ると、損切りしないで放置したほうがリスク・リターンがよい、ということになってしまうんです。

最初に含み損を抱えたときにはとてつもない苦痛を感じますが、損失が増えるのにつれ、感情はどんどん鈍感になっていきます。最初の小さな損のうちには損切りできず、損失がふくらむとなおさら損切りしにくくなってしまうのです。

同じようなことは利益確定のときにも言えます。

ＦＸで儲けられない人の多くに共通することに「損切りが遅く、利益確定が早い」という特徴があります。

損切りは平均10万円、利益確定は平均3万円だとすると、3勝1敗だったとしてもトータルではマイナスです。少なくとも4勝1敗以上でないと利益が残りません。4勝1敗ということは勝率80％です。僕でもそんなに勝てません（笑）。

プロの為替ディーラーでも勝率は5割を少し上回るくらい、60％程度だといわれています。それでも儲かるのは、「損切りが早く、利益確定は遅い」からです。**損するときはなるべく小さく抑えて、利益はできるだけ伸ばすというやり方です。**ところが、実際には多くの人が反対になってしまいます。

これもプロスペクト理論で説明できます。「ポジションを持った直後から含み益が50万円まで増えたとき」の喜びと、「含み益が50万円から100万円まで増えたとき」の喜びでは、前者のほうが喜びの増加量が大きいからです。

プロスペクト理論でよく使われる、ふたつの質問があります。

【質問1】次の2種類の選択肢があります。あなたはどちらを選びますか?
①50%の確率で100万円がもらえるが、50%の確率で1円ももらえないクジ
②確実に50万円がもらえる

【質問2】次の2種類の選択肢があります。あなたはどちらを選びますか?
①あなたには100万円の借金があります。50%の確率で借金がすべて帳消しになるが、50%の確率で借金はそのままのクジ
②あなたには100万円の借金があります。そのうち50万円を帳消しにしましょう

【質問1】で確実に50万円がもらえる②を、【質問2】では全借金がチャラになる可能性のある①を選んだ人は、きっと損切りが苦手で利益を伸ばすのも苦手な人です。

実際に、多くの人が【質問1】では確実に50万円がもらえる②を選び、【質問2】では借金がすべてチャラになる可能性のある①を選ぶそうです。

どの選択肢を選んでも、期待値はすべて50万円ですが、**人間は目の前にある利益は確実に手に入れようとする一方、借金や損失に対してはすべてを回避する可能性に賭けてみた**

プロスペクト理論の「価値関数」

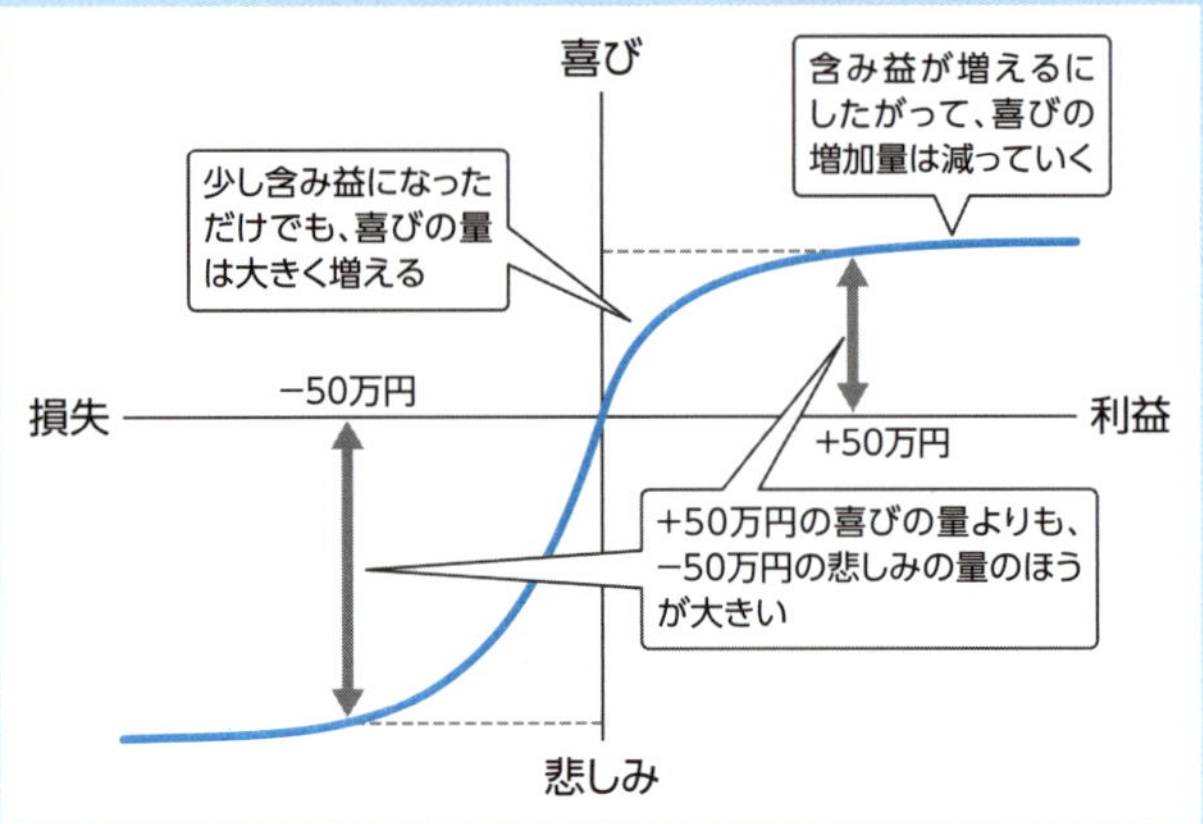

くなる傾向があるからです。

ここまでの話を図にまとめると上の図のようなグラフが描かれます。プロスペクト理論で「価値関数」と呼ばれるものを簡略化したものです。

ＦＸでは感情がなによりの大敵になるということを、ノーベル経済学賞を受賞した意思決定理論も教えてくれています。

ＦＸで生き残っていくためには、プロスペクト理論を理解した上で、人間が持っている「本能」に背く必要があります。成功に必要なのは「素直さ」です。

「損しないこと」を目的にする愚策

ＦＸは利益を生むために行うものです。

ところが、プロスペクト理論の通り、**人間には「損失回避」の本能が備わっています。**

含み損を抱えると、ＦＸの目的が「損をしないこと」に変わってしまうのです。

ＦＸで利益を産むためには、「自己規律」と「本能に立ち向かう強さ」が必要です。

ポジションを持つ前には、「いくらまでなら損してもいいか」を明確にしておきましょう。１００万円の資金で取引していて、「今回の取引では10万円までは損してもいい」と思ったのなら、含み損が10万円に達する前に必ず損切りすることです。

どこで損切りするのか、「撤退ライン」を明確に描いてからポジションを持ちましょう。

撤退ラインを決めない取引は、羅針盤を持たずに航海に出るようなものです。すぐに遭難してしまうでしょう。

負けは小さくおさめることが勝てるトレーダーへの第一歩。**まずは「上手に負けるトレーダー」になりましょう。**

少額でも感情を浴びながら練習を

ＦＸでは目の前の利益に飛びついてしまう本能、損失を回避しようとする本能が、取引を邪魔します。

この本能を克服するには、どんな訓練があるでしょうか。

よく「最初はデモ口座で練習を」といいますが、意味がないんじゃないかと思います。たしかに注文の方法だったり取引画面の使い方を練習するにはいいと思いますが、デモ口座のお金がいくら増えたり減ったりしたって、なんの痛みも喜びも悲しみもないですよね。デモ口座だったらいくらでも損切りできるし利益も伸ばせます。いちばんの大敵である本能が働かないんですから。

デモ口座でいくら勝った人でも、実際に本番の口座でトレードを始めた瞬間に本能がうごめきだして９割の人は負けると思います。いくらモンスターハンターが上手いからって、実際に狩りが上手いわけではないですよね。

実際に動物を狩るときに感じるだろう恐怖や痛みが、ゲームの中ではなにも感じないわけですから。

だから最初は10万円くらい入金して、小さな金額であっても、痛みや悲しみ、喜びを感じながら練習するのがいいと思います。それで感触を探りながら取引してみて、いけそうだなと思ったら資金を増やせばいいんです。

もしも自分には合わないなと思っても、その10万円って無駄になることはないです。実際に自分のお金を使って取引すれば、経済のニュースを見る習慣や株価を気にするクセが身につきます。それは一生ものの武器になります。それまで無関心だった世界が自分のことになるんですから、絶対に無駄にはならないと思います。

ポジションを持つときは「フルレバ」で

本能をいかにコントロールして、損切りや利益確定を計画的に行うか、「メンタルコントロール」とともに、**もうひとつ大切なのが資金管理、マネーマネジメントです。**

これは僕のやり方なので、誤解しないでほしいのですが……。

「ポジションはいつもフルレバで」

これが基本です。

「フルレバ」とはレバレッジをフルに使うこと。持てる最大のポジションで取引するということになります。

一般的に「レバレッジは10倍まで」だったり「レバレッジは控えめに」と言われますから、世間的な常識とはかけ離れた考え方かもしれません。

でも、ここには、ふたつの前提があります。

- **本書に書かれた取引ルールを守る**
- **1回の負けを10銭程度までに抑える**

オアンダの情報や時間を見ながら取引するやり方は高い勝率が期待できますから、レバレッジを高めても問題ないと考えています。

むしろハイレバで取引し、増えた資金を次の取引にまわしてさらに大きな取引ロットにすることで複利効果を得ながら、資金を大きく増やしていきましょう。

もちろん、フルレバである以上リスクは増大しますから、損切りを10銭以内で確実に行えることが前提です。

損切りが10銭なら一度負けても資産は最大2・5％減るだけです。

100万円の資金で取引していたとしますよね。1ドル100円のときに1万通貨買って10銭下がったところで損切りしたとします。損失額は「0・1円×1万」で1000円です。ちょうど資金の0・1％に当たります。

次にフルレバにして100万円の25倍、25万ドルを買ったとします。同じく10銭幅で損切りしたとすると、損失額は「0・1円×25万」で2万5000円になります。元手100万円に対して2・5％です。

フルレバというと、リスクが非常に大きなイメージもあるかもしれませんが、10銭で確実に損切りすれば、そう大きなリスクではないことがわかりますよね。

一方で利益はどうでしょうか。

収益率2.5%で連勝したときの資産の増え方

取引回数	口座残高	取引枚数	利益
1	1,000,000	25	25,000
2	1,025,000	25	25,000
3	1,050,000	26	26,000
4	1,076,000	26	26,000
5	1,102,000	27	27,000
6	1,129,000	28	28,000
7	1,157,000	28	28,000
8	1,185,000	29	29,000
9	1,214,000	30	30,000
10	1,244,000	31	31,000
15	1,405,000	35	35,000

取引回数	口座残高	取引枚数	利益
20	1,587,000	39	39,000
25	1,792,000	44	44,000
30	2,025,000	50	50,000
40	2,587,000	64	64,000
50	3,305,000	82	82,000
60	4,225,000	105	105,000
70	5,402,000	135	135,000
80	6,910,000	172	172,000
90	8,841,000	221	221,000
100	11,313,000	282	282,000

僕が目安にしているのは「利益確定10銭・損切り10銭」です。

利益確定も損切りと同じ10銭なので、勝ったときは資金が2・5%増えることになります。少ないと思いますか？

机上の空論になりますが、ちょっと計算してみましょう。

1取引で資金が2・5%増えて、増えた分は再投資に回して取引数量を増やしていくとします。

そうすると30回目の取引で元手は2倍になります。100万円の初期資金だったとすると200万円です。一日一取引でも1か月で2倍になります。

もちろん実際には30連勝なんてありえないですから、2倍になるのはもう少し時間がかかると思いますが、2・5%は決して小さくない、ということがわかると思います。

僕が9か月で50万円を1000万円にしたような急激な増加を目指すなら「ハイレバ」と、「複利運用」で、雪だるま式に増やしていかないといけません。働いている人であれば50万円くらいならもう一度稼ぐのはそう難しいことではないですよね。リスクはもちろんありますが、一度試してみてはどうでしょうか。

FX会社選びも手を抜かずに

FXを取引するのに欠かせないのがFX口座です。

今、日本には数十社のFX会社があります。

中長期的な投資であれば、どのFX会社を選んでも大差はないのですが、本書に書かれたやり方を実践するには、口座選びにも手は抜けません。

ひとつは取引コストです。

10万通貨で取引したときの「たった0.4銭」のスプレッドの違い

取引回数	10万通貨あたり取引コスト		取引コストの差額
	スプレッド0.3銭	スプレッド0.7銭	
1回	300	700	400
10回	3,000	7,000	4,000
20回	6,000	14,000	8,000
30回	9,000	21,000	12,000
40回	12,000	28,000	16,000
50回	15,000	35,000	20,000
100回	30,000	70,000	40,000
200回	60,000	140,000	80,000
300回	90,000	210,000	120,000
400回	120,000	280,000	160,000
500回	150,000	350,000	200,000

僕の取引の中心となるのは米ドル／円です。２０１４年末現在、米ドル／円のスプレッドはもっとも狭い会社で０・３銭ほどですが、広い会社だと1銭以上にもなります。

「たった０・７銭の差だろ？」

そう思うかもしれません。

でも、「たった」ではないんです。ものすごく大きな差なんです。

スプレッドが０・３銭だと10万通貨あたりの取引コストは３００円です。スプレッド０・７銭の場合は７００円です。

たった４００円の差ですが、一日に3回取引したとします。一か月で60回です。そうするとその差は2万４０００円になります。

さらに半年だと14万４０００円、1年で28

万８０００円と差が広がっていきます。このくらいの差だと無視できない差ですよね。実際には複利で運用すると、だんだんと取引数量も増えていきますから、差はさらに拡大します。

支払わないで済むコストは払わずに済ませましょう。ＦＸ口座選びでは、スプレッドが何よりも重要です。

ＦＸ会社にとってスプレッドはもっとも他社と差別化しやすい部分ですから、スプレッドの変更も頻繁です。

今、どのＦＸ会社のスプレッドが狭いのか、ここで書いてもすぐに情報が古くなってしまいます。最新の情報は僕のウェブサイトを見ていただくのがよいと思います。

「Ｓｈｏｔｏｔａｂａｔａ・ｃｏｍ」（http://shototabata.com/）です。

ただ、スプレッドだけでＦＸ会社を選ぶと、痛い目を見るかもしれません。

また、**ＦＸ会社によって注文の「通りやすさ」が違います。**「いまだ！」と思ってクリックしても、約定しなかったり、あるいは思ったよりも不利なレートで約定してしまう会社もあります。いわゆる「約定力」の強い・弱いがあるのです。

それに、頻繁にあることではないですがＦＸ会社のサーバーがダウンして、取引できなくなる可能性もあります。システム力の強弱も会社によって違います。

とくに、経済指標の発表直後や為替市場が乱高下しているときには、「スプレッド０・３銭（原則固定）」と書いてあっても、スプレッドは広がります。仕方ないことではあるのですが、そんなときでもなるべく広がらず、安定して狭いスプレッドを提供してくれる会社が望ましいのはもちろんです。

とはいえ、約定力やシステム力の強弱、経済指標発表時のスプレッドの広がりにくさなどは、実際に使ってみないとわからない部分でもあります。

知り合いにベテラントレーダーがいるのなら聞いてみてもいいでしょうし、そうでなければ、やはり僕のウェブサイトを参考にしてみてください。

僕が最初に使ったような新規口座開設や取引で数千円のキャッシュバックがもらえるキャンペーンも、僕のウェブサイトで紹介しているので少しでも元手を増やして取引したい人にも便利に使ってもらえると思います。

成功は一日にしてならず

本書で紹介するやり方で得られる、1取引の利益はそう大きなものではありません。利益確定の目安は10銭幅なので10万通貨で取引すればおよそ1万円、50万通貨なら5万円程度です。

億万長者を目指すような人には、微々たる金額に思えるかもしれないですよね。

物事には順序があります。

まずは小さな成功を多く積み上げていくことからです。

1回1万円、5万円の積み重ねが、多額の利益をあなたにもたらしてくれるでしょう。

トレードで勝つことは簡単です。

「上がるか・下がるか」の二択なので、50%の確率で勝てます。

難しいのは、トレードで勝ち続けることです。

勝率50%とすると、最初の勝つ確率は50%です。

勝率50%で10連勝する確率は0.1%

1連勝	50.00%
2連勝	25.00%
3連勝	12.50%
4連勝	6.25%
5連勝	3.13%
6連勝	1.56%
7連勝	0.78%
8連勝	0.39%
9連勝	0.20%
10連勝	0.10%

次も勝つ確率は「50%×50%」で25%になります。

さらに3連勝する確率は「50%×50%×50%」で12・5%です。

4連勝は6・25%、5連勝は3・13%、6連勝は1・56%となり、7連勝する確率は1%未満です。10連勝する確率となると、わずか0・1%しかありません。

勝率50%であっても勝ち続けることは難しいのです。

でも、FXは「丁か半か」「上がるか下がるか」の博打ではありません。しっかりした方法論を身に付けることで、勝率を50%以上に高めることができます。10連勝は難しくても小さな勝ちをフッフツ積み重ねることで、大きな成功へとつながるのです。

「勝率よりも利益」のウソ

僕がトレードで重視しているのは「勝率」です。

これも世間一般の常識からすれば、おかしなことかもしれません。「勝率よりも利益」とはよくいわれることなので。そんな人たちはよくこういいます。

「一度大きなトレンドに乗ると、トレンドが終わるまでポジションを持ち続けて大きく勝つべし！」

たしかにその通りなのですが、大きなトレンドを狙って順バリしても、トレンドが発生せずにレンジに戻ってしまったりすることがよくあり、勝率は30％もいけばいいほうでしょう。

残り70％はレンジに戻ってしまって損切りさせられる、ダマシです。勝率30％だと、1取引の勝ちを大きく、1取引の負けを小さくと慎重にコントロールしないと利益は残りません。

それに、副業としてFXに取り組む上で、勝率の低さは問題です。

「あぁ、今日も負けちゃったな……」と思いながら働きたいですか？

「またお金が減っちゃったよ……」とヘコみながら仕事に集中できますか？

できないですよね。ＦＸは大切ですけど、皆さんにはそれ以上に大切な仕事や家庭、学校があります。

低勝率はメンタルに悪影響を与えます。ＦＸのせいで仕事でミスをした、勉強が手につかない、子どもの大切な行事予定を忘れた――。そんなの本末転倒じゃないですか。

それにメンタルがヘコんでいると、非合理なトレードに走ってしまいます。せっかく学んだ需給分析も時間の特徴も無視して、非合理的なトレードで大きく負けてしまいます。

なので、僕は「勝率重視」のトレード方法を採っています。

オアンダによる需給分析と、時間帯による値動きの特性を利用すれば、勝率は飛躍的に高めることができます。

僕自身の勝率は７割くらいです。

もちろん、勝率が良くても、資産が増えなくては意味がありません。

この時に重要なのが「いつ利食いし・いつ損切りするか」です。

僕はポジションを持った瞬間に利益確定の指値と損切りの逆指値を10銭程度離したところに置くようにしています。これだとリスク：リターンは1：1なので勝率が5割を超えていれば、トータルで資産は増えていきます。実際には7割程度の勝率がありますし、10銭以下で損切りできるようなポイントでエントリーすることも多いので、けっこうな勢いで資産が増えていきます。

もうひとつ決済の基準となっているのが「時間」です。

新規注文が約定し、決済注文の10銭離した利益確定や損切りが約定していなかったら、順バリの場合は「エントリーしてから15分以内」、逆バリの場合は「次の市場が始まるまで」に決済します。

副業としてFXに取り組む以上、精神の健全性は保つべきだと思います。

そのために必要なのが勝率の高さであり、損切りです。負けた回数より、勝った回数のほうが多いと、FXが楽しくなります。

ＦＸは人生を豊かに楽しくするためのものですよね。くれぐれもＦＸに人生を踊らされないように気をつけてください。

人生で数多くの困難が待ち構えているように、トレードの道も決して平坦ではないでしょう。

でも、それを乗り越えた先には素晴らしい景色が待っているはずです。

「成功は一日にしてならず」

ＦＸを取引するかぎり、必ず訪れる困難を乗り越えながら、努力を重ねた人だけが、まだ見ぬ世界の扉を開くことができます。

Sixth chapter

年50％を可能にする実践トレード術

副業に向いたトレードスタイルは

時間による順バリと逆バリの決定、オアンダのオープンオーダー情報による需給の分析、それにテクニカル分析を加えれば、実践の準備は完了です。

ここで目指すのは取引を始めてから数分、数十分で決済するデイトレードです。デイトレードとはなにか、念のため確認しておきましょう。

ＦＸのトレードスタイルは主に４種類があります。取引時間の短いものから並べると、次の４つです。

・スキャルピング
・デイトレード
・スウィングトレード
・スワップ狙い投資

スキャルピングはもっとも取引時間の短いトレードスタイルです。買ったと思ったらもう次の瞬間には売ってしまっていることも頻繁です。ポジションを持ってから決済するまで数秒、長くても数十秒です。その分、狙う利幅は小さめで数銭から、大きくても10銭程度でしょう。利幅は小さいですが、その代わり取引数量を増やしたり、一日に何十回も取引を繰り返して、大きな利益を狙います。

スキャルピングはあっという間に取引が終わるので、「副業向きじゃん」と思うかもしれませんが、スキャルピングは為替レートが一瞬で大きく動く瞬間を狙ってトレードするので、チャートをずっと監視していないといけません。それって仕事のある人、家事や授業に追われる人にはムリですよね。

スウィングトレードは数日から数週間で決済するトレードスタイルです。数秒で決済するスキャルピングに比べると、獲れる利幅ははるかに大きく1円以上の利幅が狙えます。数秒での値動きより、数週間での値動きのほうが大きいのだから、当然ですよね。

その代わり、損切りするときの幅も大きくなるので、取引数量はあまり増やせません。少額で10万ドルを買って1円下がったところで決済すると、10万円の損切りになります。少額で始める人にはちょっと厳しいですよね。

5日後の為替レートを予想するのと、5秒後の為替レート、どちらが予想しやすいと思いますか？

5秒後ですよね。

5日間の間には、予想外に悪い経済指標が出るかもしれないし、中央銀行の総裁が余計なことを言うかもしれません。そうしたことは予想できませんが、5秒間の間になにか不測の事態が起こる可能性は低いですよね。

とくに値動きに勢いがついているときなら、なおさら5秒後の為替レートは予想しやすいでしょう。

もっとも副業向きなのはデイトレード

だから、**FXでもっとも儲けやすいのはスキャルピングだと思います。**予想しやすい5秒後の為替レートをにらみながら、一回の利幅は小さくとも積み重ねていけば、大きな利益が狙えます。

ただ、そこにはひとつの条件がつきます。「もし、FXの取引コストがゼロだとしたら」

という条件です。

「5秒後に上がるだろう」と予想できても1銭しか上がらなければ、そのうちスプレッド分の0・3銭はコストとして支払わなければなりません。狙う利幅が小さいほど、コストの占める割合は大きくなり、その分、勝率を高めたり、利幅を大きくしたりしないといけません。

スキャルピングは一見、勝ちやすいように思えますが、スプレッドというコストが大敵になり、資産を徐々に削っていくのです。

1円、2円の大きな利幅を狙うスウィングトレードならコストの占める割合は微々たるものです。1円の利幅に対して0・3銭のコストなんて、なきに等しいですよね。

ただ、スウィングトレードでは結果が出るまでに時間がかかり、1週間、2週間と相場が動かなければ、その間、資金が拘束されてしまいます。しかも、時間がかかっても儲かるとは限りません。取引期間が長くなればなるほど、その間に予期せぬ事態が起きる可能性だって高まります。ポジションを持っていること、それ自体がリスクなのです。

年5%、10%といった利回りを目指してコツコツと増やしていきたい人には、スウィングトレードがいいかもしれませんが、50万円の資金を投じて年間5万円の利益を得ても人生に大きな影響はありませんよね。

だから、スウィングトレードは数万円から数十万円程度の少額でFXを始める人に向いているトレードスタイルだとは思えません。

そう考えたときにデイトレードはどうでしょうか。

スキャルピングの魅力である「短期の値動きなら予想しやすい」という特徴はデイトレードでも同じです。それに、スウィングトレードほどではないにしろ、スキャルピングのような小さな利幅を狙うわけではないのでスプレッドが重荷にもなりません。資金が拘束される時間は短いので、予期せぬ事態が起きるリスクも低いですし、取引機会も多いので少額で始める人でも何度も資金を回転させて短期間で大きな収益を狙えます。

値動きの予想のしやすさ、利幅の大きさ、取引コスト、ポジションを市場にさらす時間の短さ、資金の回転率、取引コストから考えるとデイトレードが優れています。

しかもデイトレードなら、これまでに紹介した時間による為替市場の特徴や、需給の分析を活かしやすいという、もっとも大きなメリットがあります。

皆さんが暇を持て余していたり、あるいは億万長者なら話は別ですが、おそらくそうではないですよね。

限られた時間で、限られた資金を大きく増やすにはデイトレード一択です！

ファンダメンタルズ分析かテクニカル分析か

ＦＸを始めるときに、トレードスタイルとともに、もうひとつ岐路となるのが分析方法です。ＦＸを取引する人の主な分析方法は次のふたつです。

・テクニカル分析
・ファンダメンタルズ分析

テクニカル分析はチャートに表示された値動きを分析する手法です。移動平均線のように過去の価格の平均と現在のレートを比べたり、過去の価格の平均に統計的操作を加えて「ありうる値幅」を想定したり、あるいは過去のレートから見て現在のレートが上がり過ぎなのか、下がり過ぎなのかを見たりと、さまざまな分析方法があります。

もうひとつのファンダメンタルズ分析は、景気だったり金利だったり貿易収支といった経済の基礎的条件を判断の基準に置く分析方法です。

このどちらを重視するか、長い間、多くの人が議論しているところです。

為替市場では、「実需」と呼ばれる貿易決済や資本移動などファンダメンタルズを反映した通貨の交換も行われています。ファンダメンタルズ要因が変動すれば、為替市場も変動するのは当然です。

しかし、実需にしたって、いつ外貨を手当するか、円に戻すかと判断するのは人間です。結局、為替市場は人間の心理が動かすわけですから、「上がり過ぎ・下がり過ぎ」のレベルまで振れることも多々あります。

ですから、トレンドはどうか、転換点はどうか、今の相場は行き過ぎていないかなどを判断するときには、テクニカル分析が優れていると思います。

僕が結論を出すのもおこがましいですが、**長期的な為替市場の流れはファンダメンタルズが決めています。一方で短期的な為替市場の流れはファンダメンタルズよりも人間の心理的側面の影響のほうが大きいので、テクニカル分析で判断するのがいいと思います。**

本書で目指すのは長期的なトレードスタイルではなく、デイトレードですから、主体となるのはテクニカル分析だということになります。

ただ、分析手法はテクニカル分析とファンダメンタルズ分析だけではありません。第4章で紹介した「需給分析」もまた分析手法のひとつです。「第三の分析スタイル」といってもいいでしょう。

需給分析とテクニカル分析を組み合わせた実践方法をこれから紹介していきましょう。

「ノイズ」が少なく、コスト低い通貨ペアを

どの通貨ペアを取引するか。

僕がトレードする通貨は9割が米ドル／円です。残り1割はユーロ／円かユーロ／米ドルです。

円、米ドル、ユーロ以外の通貨を取引することはほとんどありません。

僕が取引しているのは世界の「三大通貨」です。この3通貨は取引量が非常に多いため、流動性が高いのが特徴です。流動性が高いということは、注文が通りやすいという特徴が

まずあります。

他の通貨、たとえばトルコリラ／円のような通貨ペアだと、大口注文が入ったときにチャートがブレることがあります。為替市場自体、非常に大きいですから、株式市場に比べれば一部の大口投資家の影響は小さいですが、それでもマイナー通貨ペアだとチャートに不自然なヒゲが出たりすることがあります。

こうした「ノイズ」があるとテクニカル分析が難しくなりますし、ヒゲによって指値や逆指値注文が約定してしまう可能性もあります。

こうしたノイズを避けるために、市場にノイズが生まれにくい三大通貨を取引するのが得策です。

また、市場の流動性が高いということの結果として、三大通貨の絡んだ通貨ペアならスプレッドも非常に狭くなります。米ドル／円のスプレッドは０・３銭ほどがもっとも狭い水準になります。ユーロ／円は０・６銭、ユーロ／米ドルだと０・５ｐｉｐｓです。

ちなみにｐｉｐｓは為替の最小単位です。米ドル／円なら１ｐｉｐｓは１銭です。

それが豪ドル／円だと０・７銭ですし、ニュージーランドドル／円は１・５銭と広がっできます。

コストが安ければ安いほど、最終的に手元に残る金額は大きくなりますから、最初は三大通貨だけで構成された3つの通貨ペア、米ドル／円、ユーロ／円、ユーロ／米ドルの3通貨ペアを見ていくのがいいと思います。

なかでも、**皆さんがもっとも馴染み深いだろう米ドル／円をオススメしています。**

「テクニカル分析、時計、オアンダ」を凝縮した魔法の機械

トレードするとき、僕に絶対に欠かせないものが3つあります。

スマートフォン、時計、それにオアンダの情報です。

ＦＸの取引はパソコンがメインだと思っているかもしれませんが、最近はＦＸ会社の提供するスマホ用ＦＸアプリがとても充実しています。

新規の注文をするのはもちろん、複雑な注文方法も使えるし、チャートだってもちろん見られます。見るだけではなく、ボリンジャーバンドとＭＡＣＤといった僕が使うテクニカル分析も表示できます。それに為替のニュースだって見られます。

スマホで使う4つのアプリと確認項目

FX取引アプリ	FXの取引を行うためのアプリ。なるべくスプレッドが低く約定力の高いFX会社のアプリを利用
チャート閲覧アプリ	取引アプリでもチャートは見られるが、使いやすさを考慮して別のFX会社のアプリを利用。MACDやボリンジャーバンドが見られるものを
株価指数参照アプリ	戦略を立てるときに日経平均やダウ平均などを参考にするため、日米の株価指数が見られるアプリを。iPhoneならデフォルトでインストールされた「株価」アプリでOK
ウェブブラウザ	オアンダ ジャパンのオーダー&ポジション情報にアクセスするために利用。同社のURLをブックマークしておき、すぐにアクセスできるようにしておく

チャート	長期・短期のトレンドがどちらを向いているかを確認
時計	逆バリ時間か、順バリ時間かを確認
オアンダ	現在レート付近のそばで指値、逆指値のたまったポイントを探す
株価	上昇していれば円安、下落していれば円高のイメージを持つ

時間だってもちろんわかるし、オアンダのホームページもスマホに対応しているのでオープンオーダー、オープンポジションの情報も確認できます。

注文もできるし、チャートも見られる。オアンダ情報もわかるし、時間だって確認できる――僕の必要なすべてがスマホ1台で済みます。

つまり、パソコンがいらないんです！

実際、僕はパソコンで取引することはほとんどありません。

スマホのみ、です。それで不自由を感じたことはありません。

トレードの進め方〜逆バリ時間〜

スマホ1台でどう判断していくのか。

ここからは実際に僕の取引例で説明していきます。

2014年8月21日の取引例です。今になってみればアベノミクス第二幕がまさに始まろうとするところでした。このときの僕はそんなことは知りませんし、意識もしていません。

この日は典型的な「株高・円安」の日でした。僕がスマホを手に取ったのは1時前後でした。

最初にチャートを見ます。相場には長いトレンドと短いトレンドがありますから、両方を確認しておきます。

この日の日足チャート（上図）は、4月以来の高値水準を前日に超えてきて、まだ上昇を続けているところでした。アップトレンドが始まりかけているところ、と見ていいでしょう。

長いトレンドを確認したら今度は短いトレンドも見ておきます。

高値を抜けたら、買いのサイン

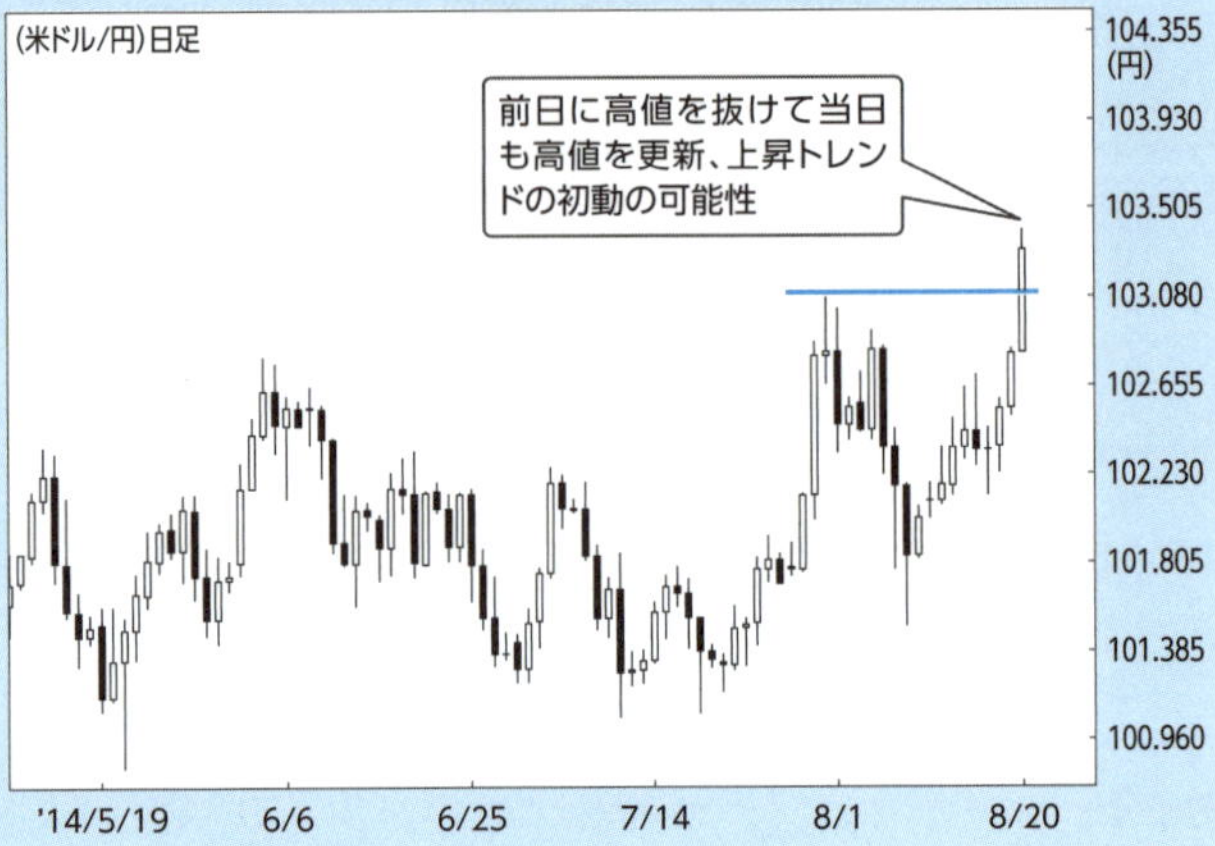

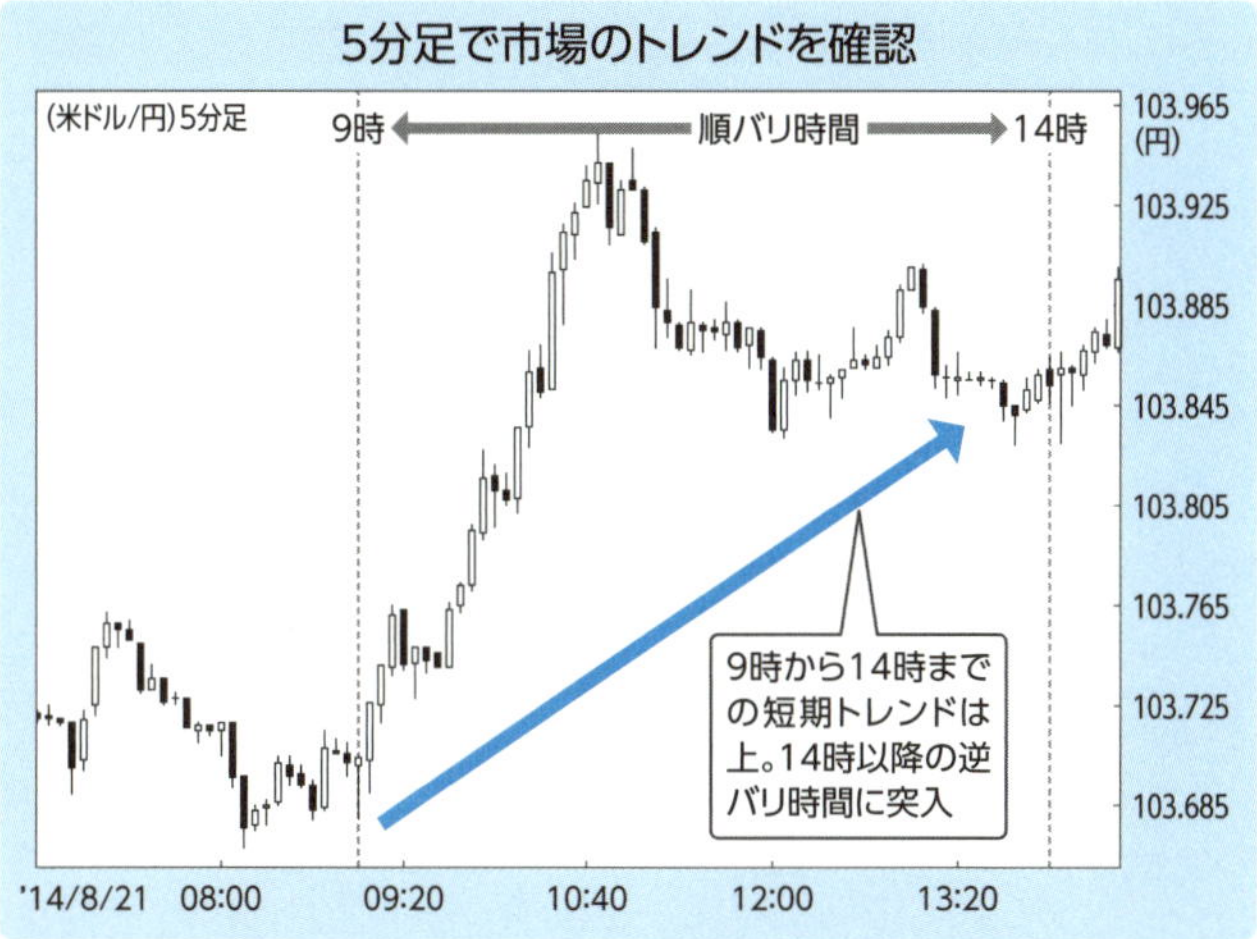

足を短くして、5分足チャート（上図）で市場のトレンドを確認します。

9時から14時まで、つまり東京市場の順バリ時間は前日の流れを引き継いで上昇を続けました。

長いトレンドも短いトレンドも上方向で一致しています。東京市場の高値は103円95銭です。

ここで時間を気にしましょう。これを確認した時点では13時前後でしたから、順バリ時間は残り1時間しかありません。14時からの逆バリの時間に備えることにします。

上昇の流れにある日の逆バリ時間ですから、売りで入るチャンスを探すことになります。

オアンダのオープンオーダーを確認

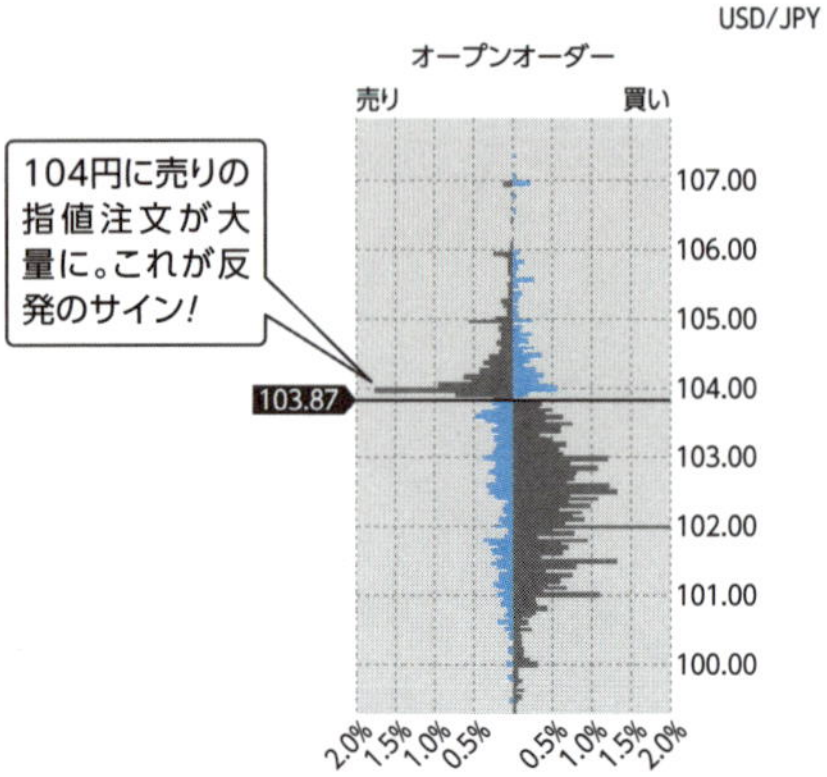

チャートはいったん閉じて、今度はオアンダのウェブサイトでオープンオーダー情報を見てみます（上図）。

スカスカしていますよね。**為替レートが高値を更新していたり、安値を更新していたりするような日は注文が刈り取られてスカスカになることがあります。**

しかし、目につくのがちょうど１０４円のところにある指値売りです。**「１０４円で反転するのではないか」と考えた新規の売り手でしょう。**

２％近い水準までたまっているので、それなりのボリュームの指値売りだと考えられます。もしも上昇しても、１０４円ではこの指値売りが発動していったんは反転しやすいでしょう。

１０４円に「壁」ができていると考えられますよね。しかも今は、売りでの入り時を考えたい時間です。

そこで考えるのが「１０４円の壁を背にして売る」という戦略です。

もともと反転しやすい時間帯だし、上昇しても１０４円で反落しやすいのだったら、１０４円の少し手前、１０３円90銭台で売っておき、損切りの逆指値を１０４円に設定します。

これだと損切りにかかってしまったとしても10銭以内で済みますから、リスクが限定されます。

反落の動きを狙うので大きな利幅は狙いませんが、10銭程度の下落はあるでしょう。リスクは10銭以下、リターンは10銭を狙うので比率は上々です。

そう思ってスマホを片手に部屋で本を読んでいると、14時30分すぎ、１０３円90銭台に乗せてきました。シナリオ通り、売りでエントリーです。

今回は損切りポイントもターゲットも明確なので、ポジションを持ったら損切りと利益確定の注文を入れておきます。

あとは再び本でも読みながら注文が約定するのを待つだけです。

ただ、完全にほったらかしではありません。

16時にはロンドン市場が始まり、新しいトレンドが生まれやすいですから、それまでには利益確定の指値と損切りの逆指値のどちらも約定していなくても、決済する必要があります。

・利益確定、損切りのいずれも約定していなくても次の市場が開くまでに決済する

このルールは他の時間でも同じです。

ちなみに、この取引ではヨミ通り、104円手前で反転して10銭の利益が確保できました。

なんとなく取引のイメージがつかめたでしょうか。

トレードの進め方～順バリ時間～

今度は午前11時、東京市場の順バリ時間の取引例でも説明していきましょう。

日足で直近の大きなトレンドを確認

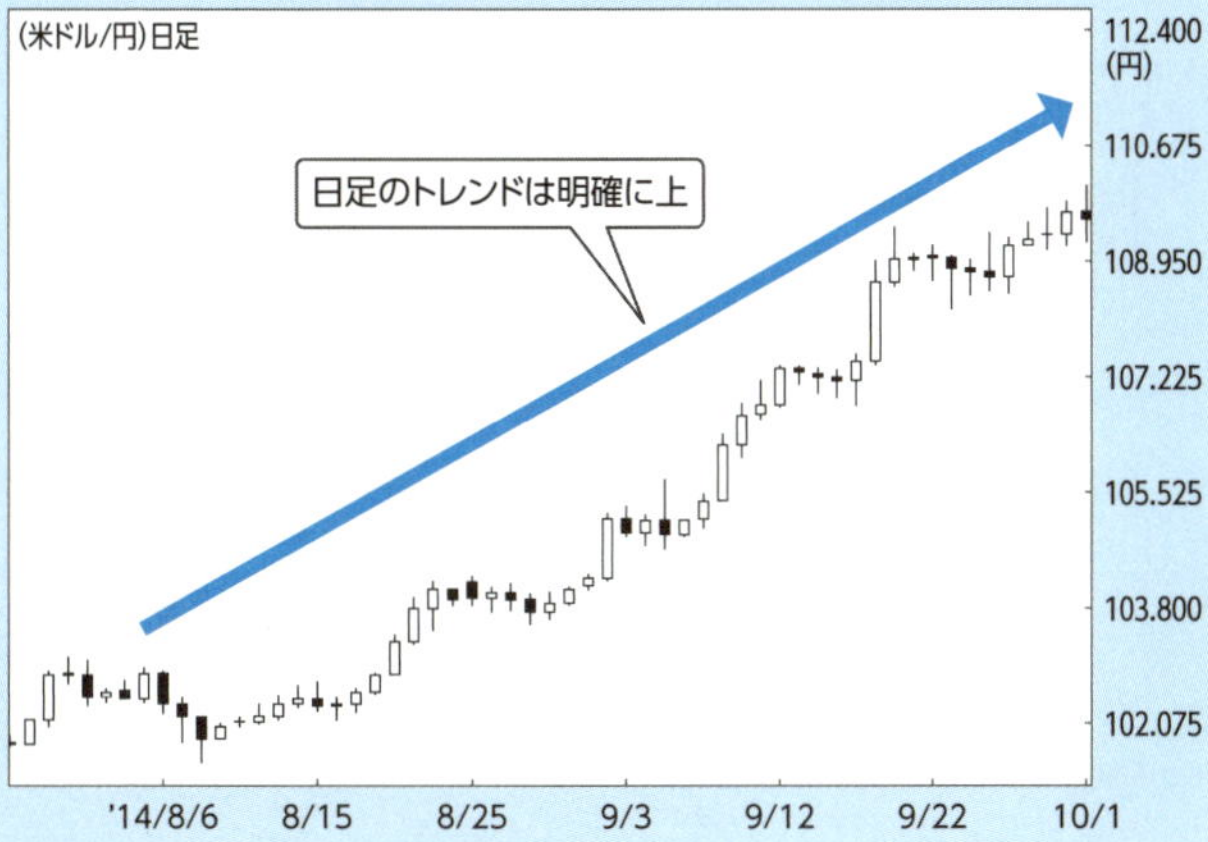

この取引を行ったのは2014年10月2日の午前中です。

先ほどの取引例から1か月半後、円安が進んで1ドル110円台まで達したのが前日でした。

ところが、1日の夜に始まったアメリカの株式市場ではダウ平均が大幅安となります。米国株の下落は円高材料です。

実際に為替市場では米国株の下落とともに円高が進んでいましたし、米国株につられて日本株市場もこの日は大幅安で始まりました。

この日の状況をまとめると日足チャート(上図)で見た長いトレンドは上ですが、5分足チャート(次ページの図)で見た短いト

5分足で市場のトレンドを確認

レンドは下です。

示す方向は食い違っていますが、デイトレードで大切なのは短いトレンドです。順バリ時間であれば売り、逆バリ時間であれば買いと考えます。

僕が取引したときは午前11時すぎでしたから順バリ時間です。売りで入るチャンスを探して、オアンダのオープンオーダー（次ページの図）を見てみました。

すると、前日安値付近に逆指値の売り注文が1％近くたまっていることがわかります。

注文が多いかどうか、前後の注文との相対的な量で見ることもありますが、数値で大まかな目安を示すと、次のようになります。

オープンオーダーで逆指値を確認

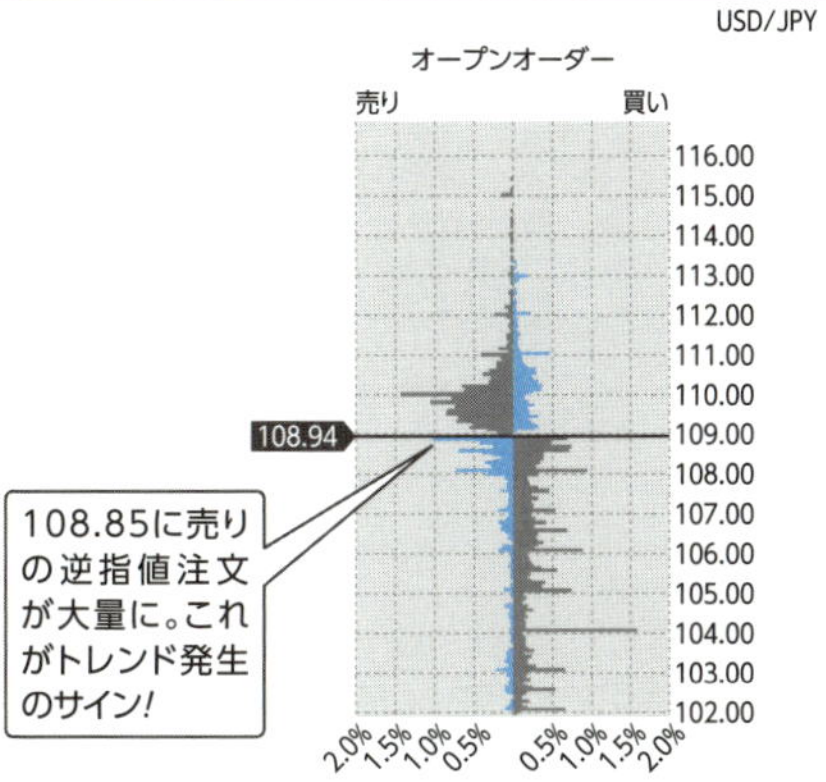

・指値は2%前後だと多い
・逆指値は1%前後だと多い

ただ、オアンダのオープンオーダーは、いくらのレートに注文が集まっているか、細かな数字はわかりません。オープンオーダー情報のグラフからだと「108円70~80銭くらいかな」「108円台後半くらいか」とぼんやり推測できるだけです。

でも、前日の安値が108円85銭で、今日のオープンオーダーで108円台後半に注文が集まっている水準があったら、「この注文がたまっている水準は前日安値108円85銭を目安に置かれた注文だろう」と推測できますよね。

そんな推測のもと、逆指値の売りがたまっ

ているのは108円85銭だと仮定しました。

このときのレートは108円90銭台です。この時点で売って108円85銭までを狙う戦略もあります。大量の逆指値が入っているレートをつけにいく動きはよくあるからです。ただ、この時点から売っても利幅が5銭か6銭くらいしかありません。もう少し前、109円を割った時点で売っていれば、108円85銭を狙って打っていく戦略もアリです。

このときは僕が気づくのがちょっと遅かったのです。

それにこの日は実家に行く予定もあったので、「108円85銭割れに逆指値を入れて、下落に勢いがついたところを狙う」戦略にしました。ダウ理論にのっとった戦略ですね。新規の逆指値売り注文と同時に、10銭上に損切り、10銭下に利益確定の注文も入れて、家を出ました。

外出途中、スマホを見ると、無事に新規注文と利益確定の注文が約定しているのが確認できました。

株価もスマホでチェック！

このときの取引では株価も大きな判断材料でした。

ボラティリティ（値動きの大きさ）を予測する上で、株価のチェックは欠かせません。株価が大きく動く日は、為替もそれにつられて大きく動くからです。株価が下がった日は円高傾向、株価が上がった日は円安傾向があるので、これらに注意しながらトレードをすると勝率も格段にアップします。

ですから、トレードするときには、株価をチェックする習慣を身につけておきましょう。**株価が大きく動いていれば為替も大きく動く可能性が高いですし、株価が上昇していれば米ドル／円も上昇しやすく、株価が下落していれば米ドル／円も下落しやすくなります。**

株価といっても、もちろん全３５００社ほどもある日本株のすべてを見ろ、というわけではありません。

日本株全体の動向を教えくれる指数として日経平均がありますし、アメリカならばダウ平均があります。

iPhoneの「株価」アプリで株価指数をチェック

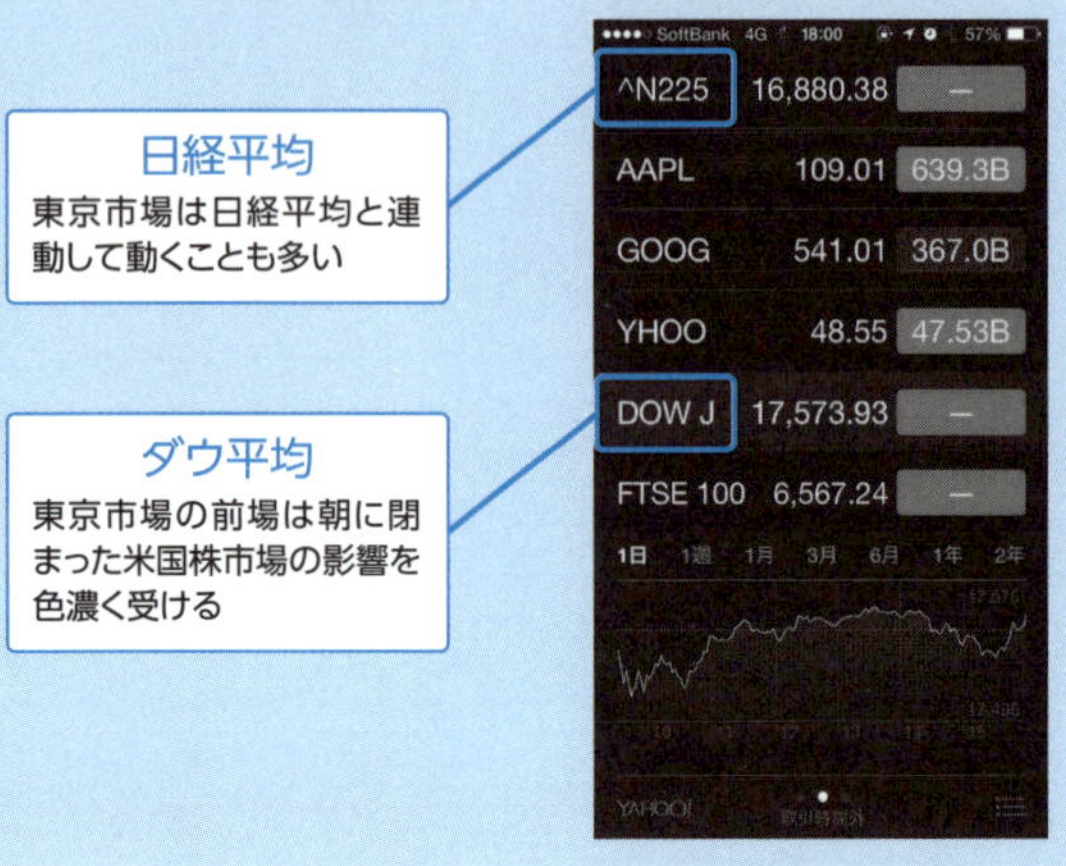

東京市場や欧州市場の時間帯なら前日のダウ平均と日経平均を、ニューヨーク市場が開いたら動いているダウ平均を気にするようにしてみてください。とくに午前中の相場は前日のダウ平均の影響が色濃く残ります。

日経平均もダウ平均もスマホのアプリで簡単にチェックできます。iPhoneなら「株価」というアプリがデフォルトでインストールされています。「N225」が日経平均のことですし、「DOW J」がダウ平均です。下側には簡単なチャートや高値・安値なども表示されるので、株価のチェックはこれだけで充分です。

ちなみに、ダウ平均株価の「ダウ」とは第4章で紹介したダウ理論のチャールズ・ダウのことです。

オアンダ情報の見方のまとめ

さて、ここまで紹介したふたつのトレード例では、次のようにオアンダの情報を使いました。

・指値のたまっているポイントを壁にして逆バリで売る

・逆指値のたまっているポイントに逆指値売りを置いて急落を狙う

オアンダ情報のより実践的な使い方としては、「現在のレートのそばに注文がたまっているか」をまず見てください。「そば」というとあいまいですが、目安としてはプラスマイナス10銭程度です。

順バリ時間なら、逆指値のたまったポイント＝値動きが加速しやすいポイントが注目になります。

・順バリ時間での買いなら、すぐ上の逆指値買いのたまったポイント

・順バリ時間での売りなら、すぐ下の逆指値売りのたまったポイント

このふたつが目安になります。

それぞれ逆指値がたまったポイントを抜けるとトレンドが加速しやすいので、順バリでついていきます。

逆バリ時間だと、指値のたまったポイント＝反発しやすいポイントが注目になります。

・逆バリ時間での買いなら、すぐ下の指値買いのたまったポイント

・逆バリ時間での売りなら、すぐ上の指値売りのたまったポイント

それぞれ指値のたまったポイントの近くまできたところでエントリーして、指値のたまったポイントを抜けてしまったら損切りです。

順バリにも逆バリにも使える「ボリン」

オアンダのオープンオーダーとダウ理論を参考にして「反発するポイント」「トレンドが発生するポイント」を探すことは、これまでに多く語ってきました。

広がっているボリンは逆バリの指標

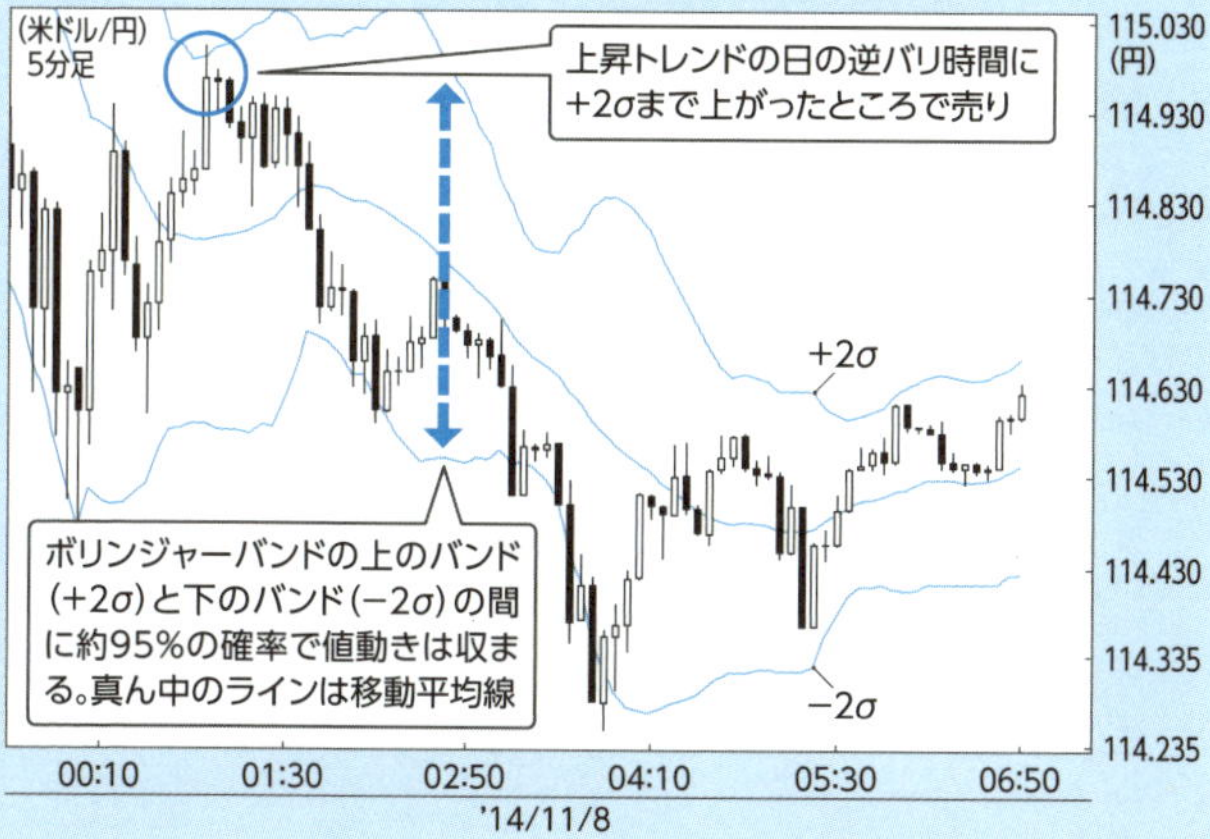

それとともに時間帯の特性ごとに順張りと逆張りを使い分けることも述べた通りです。

これだけでも武器としては充分なのですが、最終的な判断基準としてテクニカル分析を「参考程度」であっても使うことによって、勝率は飛躍的に高まります。

テクニカル分析にもいろいろありますが、多くを見過ぎても混乱するだけですから、**僕が使っているのは「MACD」と「ボリンジャーバンド」のふたつです。**

なかでも、このふたつのテクニカル分析が5分足チャートでどんな形になっているかを、僕は重視しています。

「移動平均線」は皆さんも聞いたことがあるのではないでしょうか？

過去の価格の平均値を一本のラインにしたのが移動平均線です。

ＭＡＣＤもボリンジャーバンドもこの移動平均線をアレンジしたテクニカル分析です。

「約95％の確率でこの幅の中に値動きは収まる」と教えてくれるのがボリンジャーバンドです。約95％というのは「２σ（シグマ）」のときで、１σなら約68％、３σなら約99％と設定を変えることによって確率とバンドの幅が変わります。

僕が普段見ているのは、いちばんスタンダードな２σです。

ボリンジャーバンドはとてもポピュラーなテクニカル分析で、人によって使い方、見方も分かれるのですが、皆さんに見て欲しいのは次のふたつです。

約95％の確率でバンドの中に値動きは収まるので、ローソク足がボリンジャーバンドにタッチしたら反転する確率が高いということになります。

東京市場の終了間際の１時間、アメリカの経済指標の発表前の１時間、それに深夜の逆バリ時間には、ボリンジャーバンドの２σまできたところで逆バリする、といった考え方で使えますよね。

欧州順バリ時間のブレイク狙い

もうひとつの使い方は**ボリンジャーバンドの「2σの幅そのもの」（バンド幅）に注目します。**

レンジ相場のとき、ボリンジャーバンドのバンド幅は小さくなり傾きも横向きになります。ところが、レンジ相場を脱して相場が動き出すと、ローソク足の動き以上にバンド幅は急激に拡大していきます。

収斂していたバンド幅が急激に開いたときは相場が一方に大きく動くサインなので、東京市場や欧州市場の順バリ時間の指標として便利に使えます。

とくに東京の株式市場が終わった15時から16時の間は9時から15時までの高値・安値でレンジ相場を形成しやすい傾向があります。5分足でボリンジャーバンドを見ると、この間は収斂しています。

このレンジがブレイクされるのは、欧州市場が始まってからです。レンジがブレイクし

狭いボリンは順バリの指標

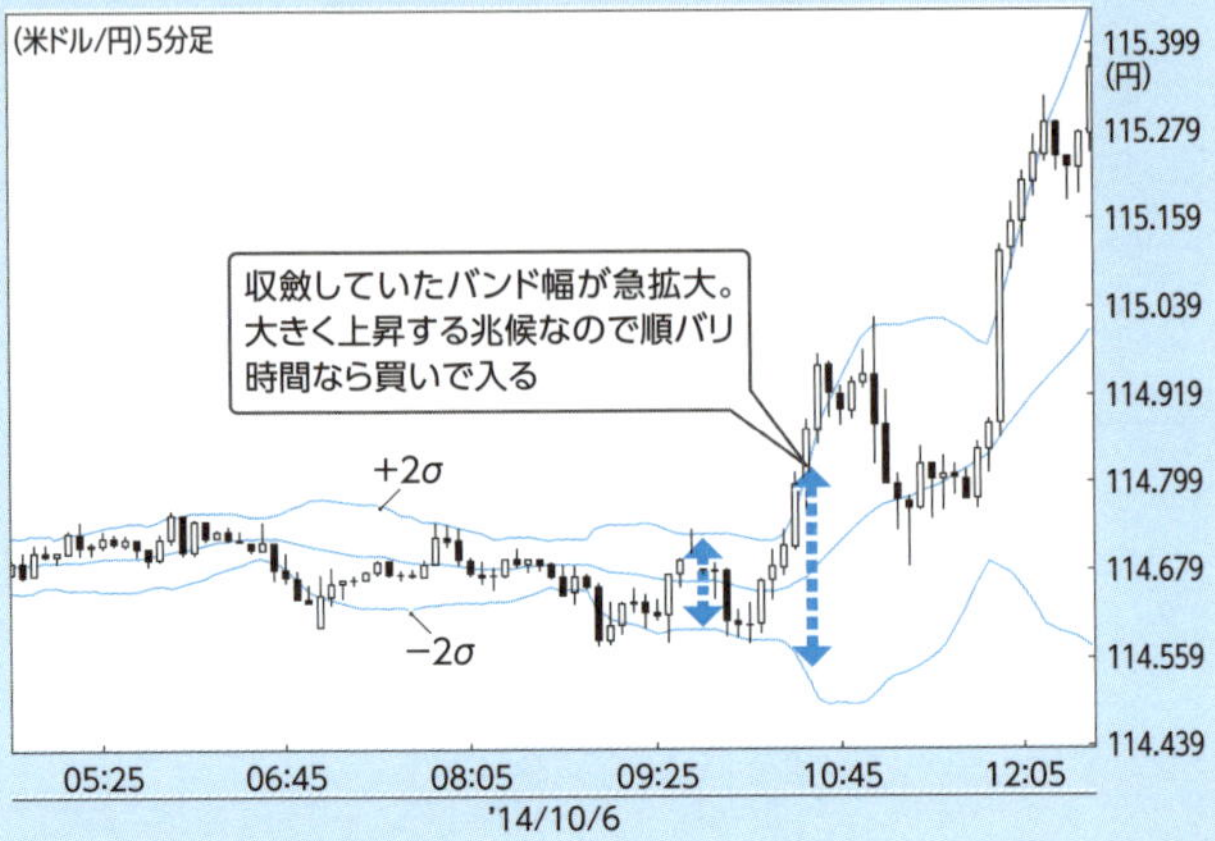

て値動きに勢いが生まれたときを狙う手法はさまざまありますが、もっとも安全なのが、この東京市場レンジを欧州市場の時間にブレイクするところを狙うやり方です。

その目安としてボリンジャーバンドの収斂と拡大はとても便利に使えます。

またニューヨーク市場の逆バリ時間が終わる早朝から朝9時までの間は、ボリンジャーバンドが収斂している場面が目立ちます。同じように考えて東京市場の始まりとともにボリンジャーバンドが広がり始めてトレンドが発生するところを狙えます。

ただ、欧州市場でのレンジブレイクがもっとも確率が高く、安全性も高いと思います。

ボリンジャーバンドは順張り・逆張りどち

らにも使える万能な指標です。

ボリンジャーバンドだけで勝てるほど甘い為替市場ではないですが、オアンダや時間と合わせて見ることで勝率は格段に上がります。

エントリーの精度を上げる「MACD」

次に紹介したいのが「MACD」（マックディー）です。

これも移動平均線をアレンジしたテクニカル指標です。

移動平均線でよく使われるのは、短期と長期、2本の移動平均線による「ゴールデンクロス」「デッドクロス」です（次ページの図）。

図に描いたように、MACDはこの2本の移動平均線の幅を1本のラインにしたテクニカル分析になります。

しかし、使っているのは普通の移動平均線ではなく「EMA」という特殊な移動平均線です。少し理屈っぽい話になるので面倒な人は読み飛ばしてください。

今日の相場を予想するのに、昨日の価格と1か月前の価格のどちらが有効だと思います

移動平均線のクロス

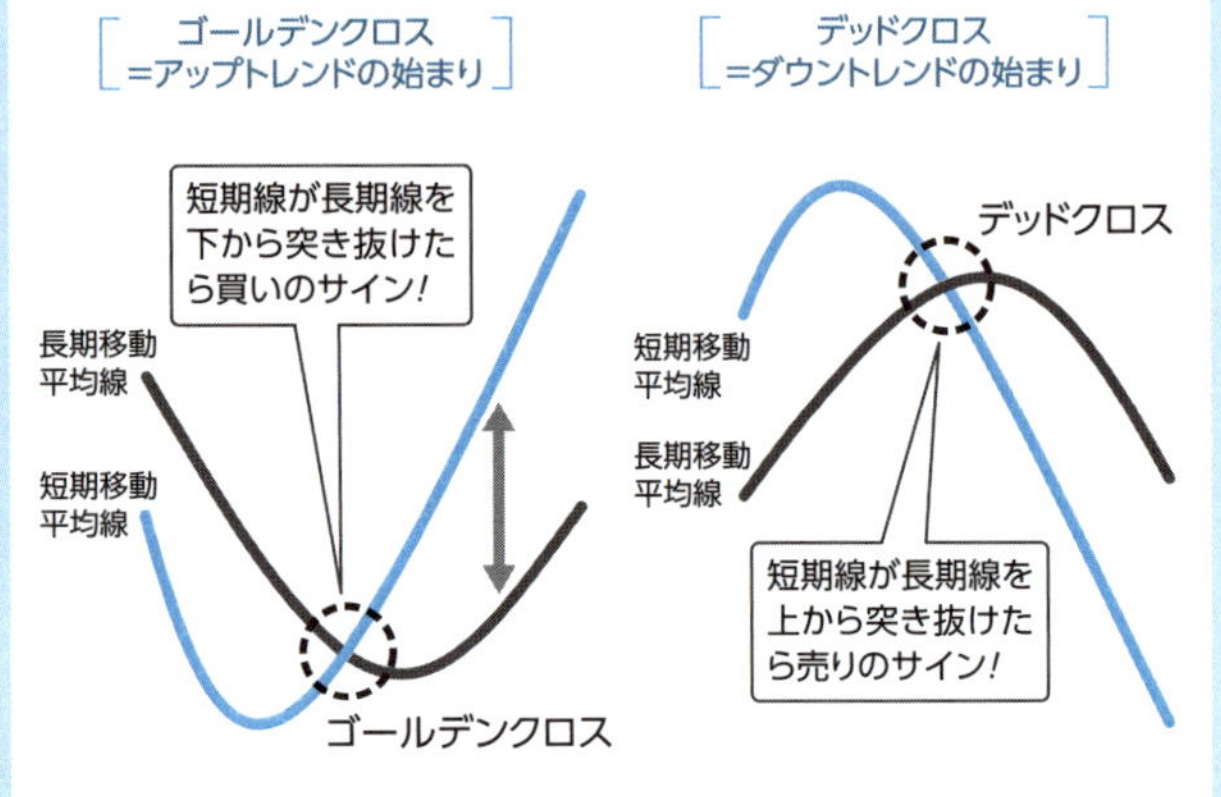

か？

答えは当然、昨日の価格ですよね。でも、普通の移動平均線では1か月前の価格も昨日の価格も同列に扱います。それだとちょっとおかしいよね、ということで、直近の価格をより重視して生まれたのがEMAです。簡単に言えば、「現在に近いデータに価値を置き、データが古くなればなるほど価値が減少していく移動平均線」と言えます。

EMAという名前は難しそうですが見方は普通の移動平均線と同じです。

MACDで大切なのは2本のEMAの幅です。

2本のEMAがクロスしていれば、2本の間の幅もゼロになるので、MACDもゼロです。ＭＡＣＤがゼロ以下から、ゼロを超えて行けばゴールデンクロスが発生したということになり強気ですし、反対にゼロを割っていけばデッドクロスで弱気です。

ただ、僕がMACDを使うときはMACD自体のゴールデンクロスとデッドクロスに着目しています。

ＭＡＣＤにはＭＡＣＤラインとＭＡＣＤラインを移動平均化したシグナルの2本のラインがあります。この2本のゴールデンクロスとデッドクロスを見ているのです。

60分足や30分足を見て、アップトレンドの日の逆バリ時間には、ＭＡＣＤが0・1付近でデッドクロス間近なときに売り、ダウントレンドの日の逆バリならマイナス0・1付近でのゴールデンクロス間近で買いと考えられます。

より細かいエントリーのタイミングは5分足を使って判断します。

もちろんオアンダ情報や時間が基準となりますが、ＭＡＣＤを合わせて見ることで勝率を高められます。

#「MACD×オアンダ」

ひとつ具体例を見てみましょう。

2014年9月23日深夜のチャートにMACDを表示させたのが次ページの図です。様子見の時間である23時台に高値をつけて、逆バリ時間である24時台に入りました。これだけでも売りのチャンスとなります。高値をストップにすれば損切り幅は5銭程度ですから、リスクを小さくした取引ができます。

このときにMACDを見ると、やはり24時になる直前にデッドクロスして売りを示唆してくれています。

もちろん、オアンダのオープンオーダーも確認しています（次ページの図下）。このときのオープンオーダーは109円ちょうどに売り指値が集まっていました。売り指値が集まっているところは反転しやすいですから、オーダーから見ても24時前の高値を背にしての売りが正解だったということになります。

取引にMACDを用いた実例

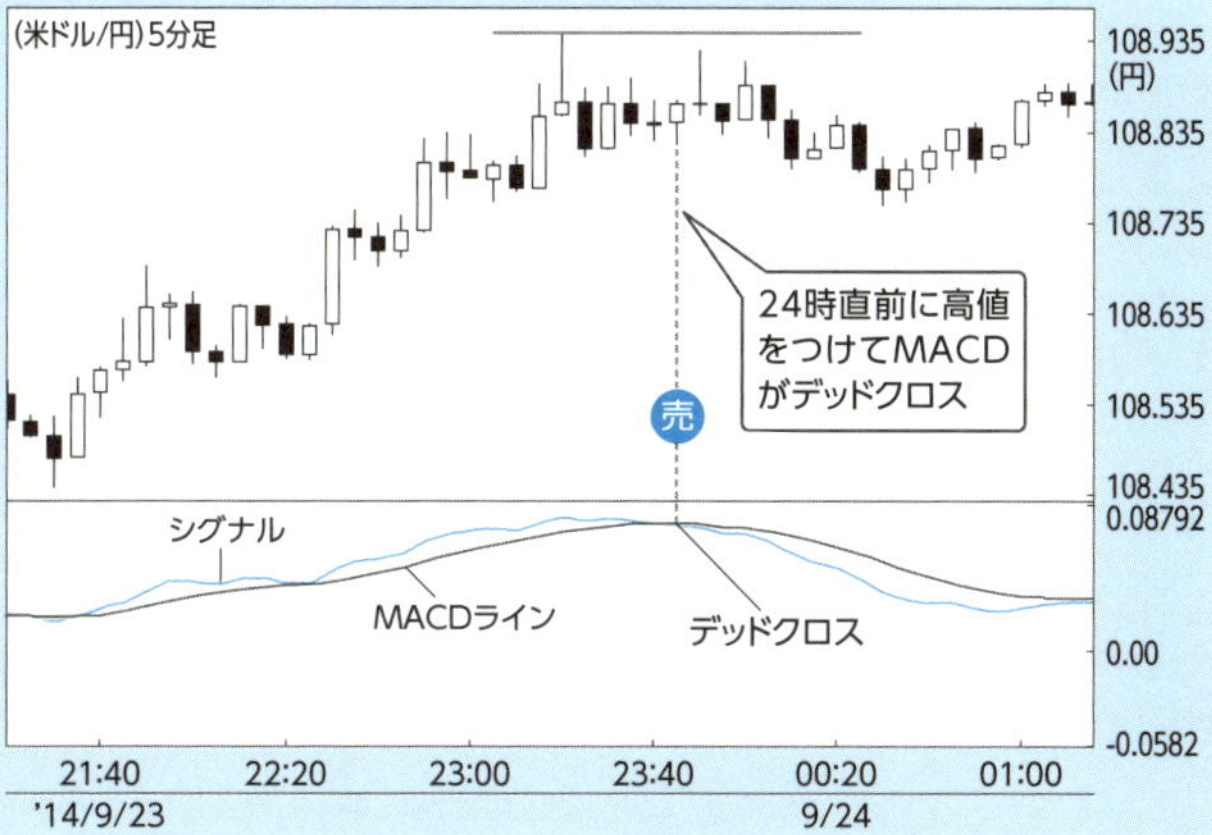

オープンオーダーで反転するポイントをチェック

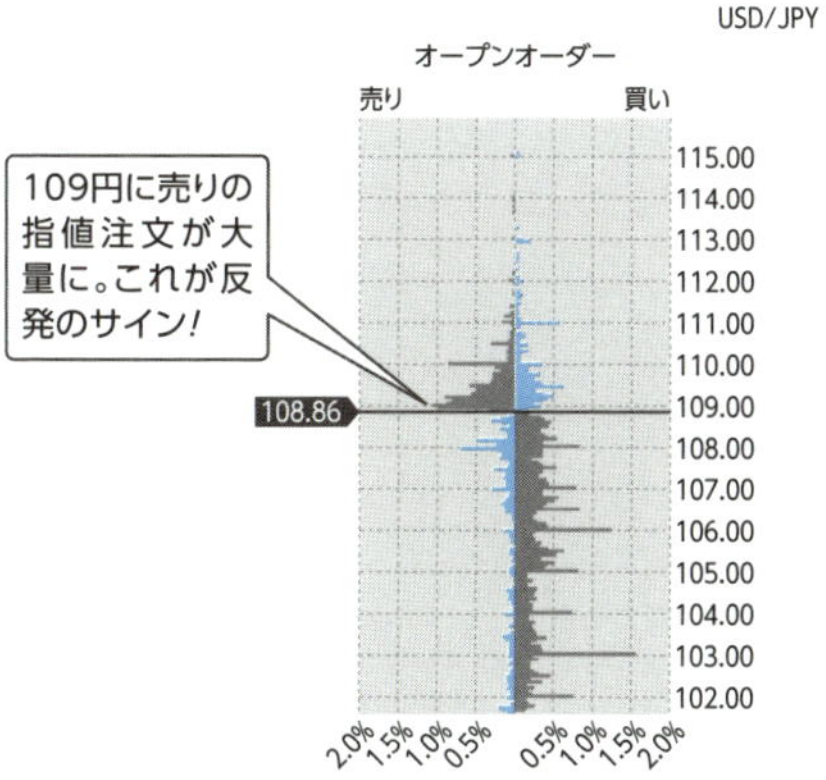

実際にこのときは10銭ほど下げてくれたので、５銭のリスクで10銭のリターンが獲れたトレードとなりました。

逆バリ時間では5分足のＭＡＣＤがクロスしそうになっていたら逆バリサインである可能性が高いです。また、このとき利益確定のターゲットとしてボリンジャーバンドの真ん中のライン、つまり移動平均線がターゲットなる可能性が高い、ということも覚えておくと便利だと思います。

トレードのやり方まとめ

最後にこれまで説明してきたことをまとめておきましょう。

次ページの図はトレードするときの流れをフローチャートにまとめたものです。

これまでに説明してきたことの通りですが、今まで説明していなかったのが「ＯＣＯ注文」です。

これはふたつの注文を同時に発注するもので、新規にポジションを取ったあとによく使

取引のフローチャート

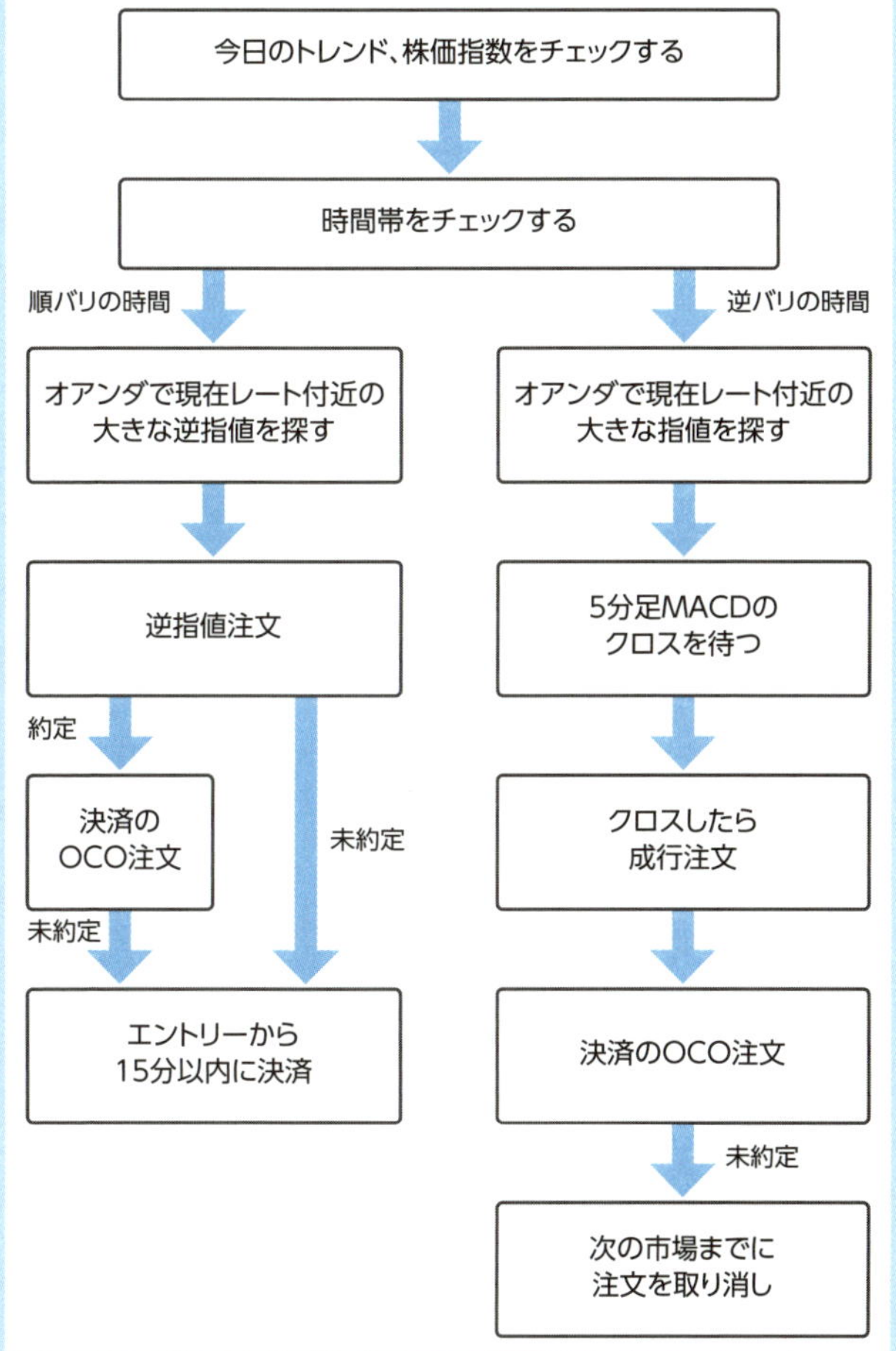
今日のトレンド、株価指数をチェックする
時間帯をチェックする
順バリの時間
逆バリの時間
オアンダで現在レート付近の大きな逆指値を探す
オアンダで現在レート付近の大きな指値を探す
逆指値注文
5分足MACDのクロスを待つ
約定
未約定
決済のOCO注文
クロスしたら成行注文
未約定
エントリーから15分以内に決済
決済のOCO注文
未約定
次の市場までに注文を取り消し

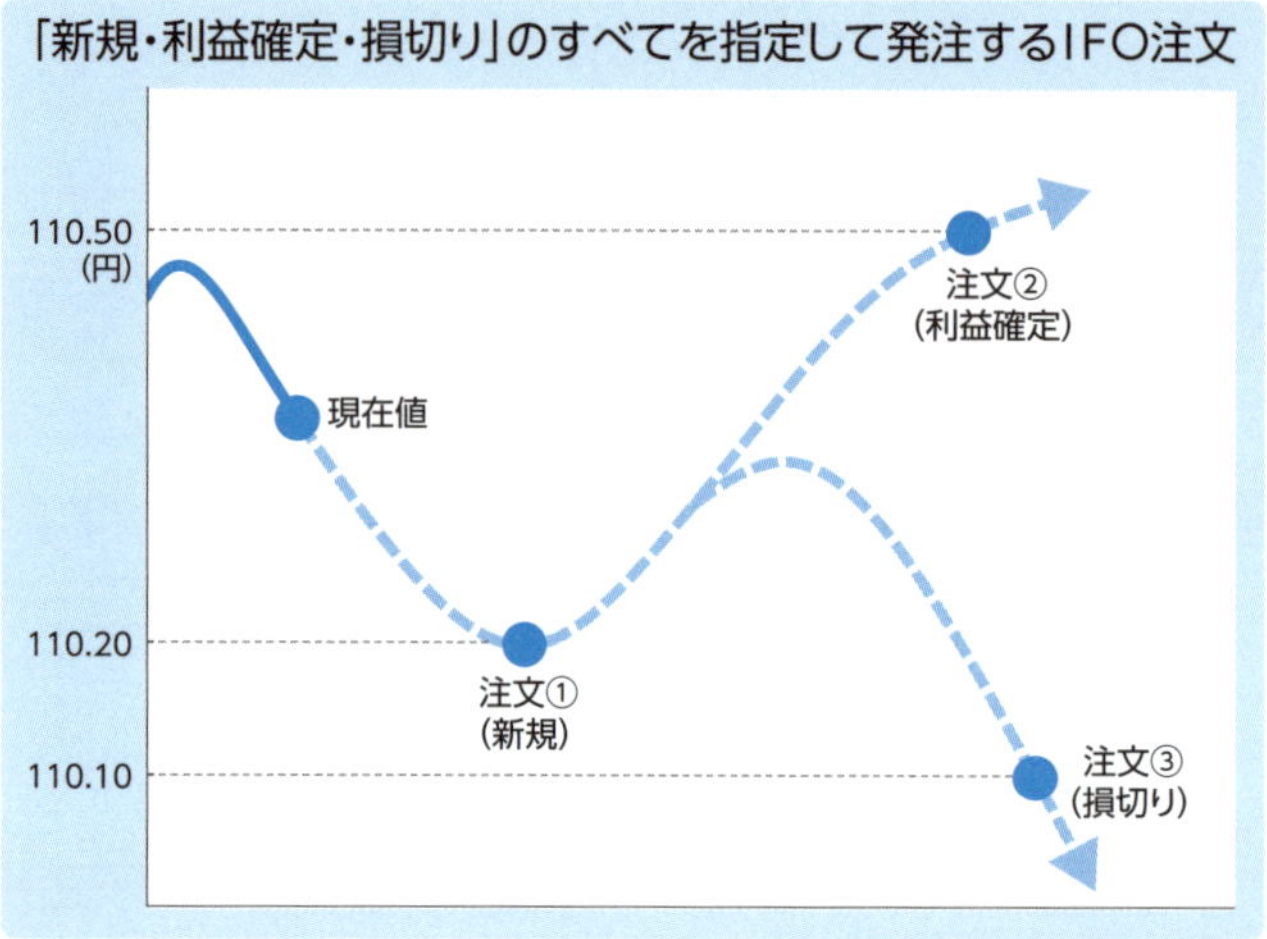

われます。

100円で買ったあと、損切りの指値と利益確定の逆指値をともに10銭離れたところに置きたいとき、OCO注文を使うと、利益確定が約定すれば損切りは自動的にキャンセルされ、損切りが約定すれば利益確定が自動的にキャンセルされます。

OCO注文に、新規注文の指値・逆指値も加えた「イフダンOCO(IFO)注文」という注文方法もあります(上図)。

僕も部屋でトレードすることが多いとはいえ、外出することだってもちろんあります。そんなとき、あらかじめ立てておいた戦略の通りにイフダンOCO注文を発注することが

オープンオーダーで売り圧力をチェック

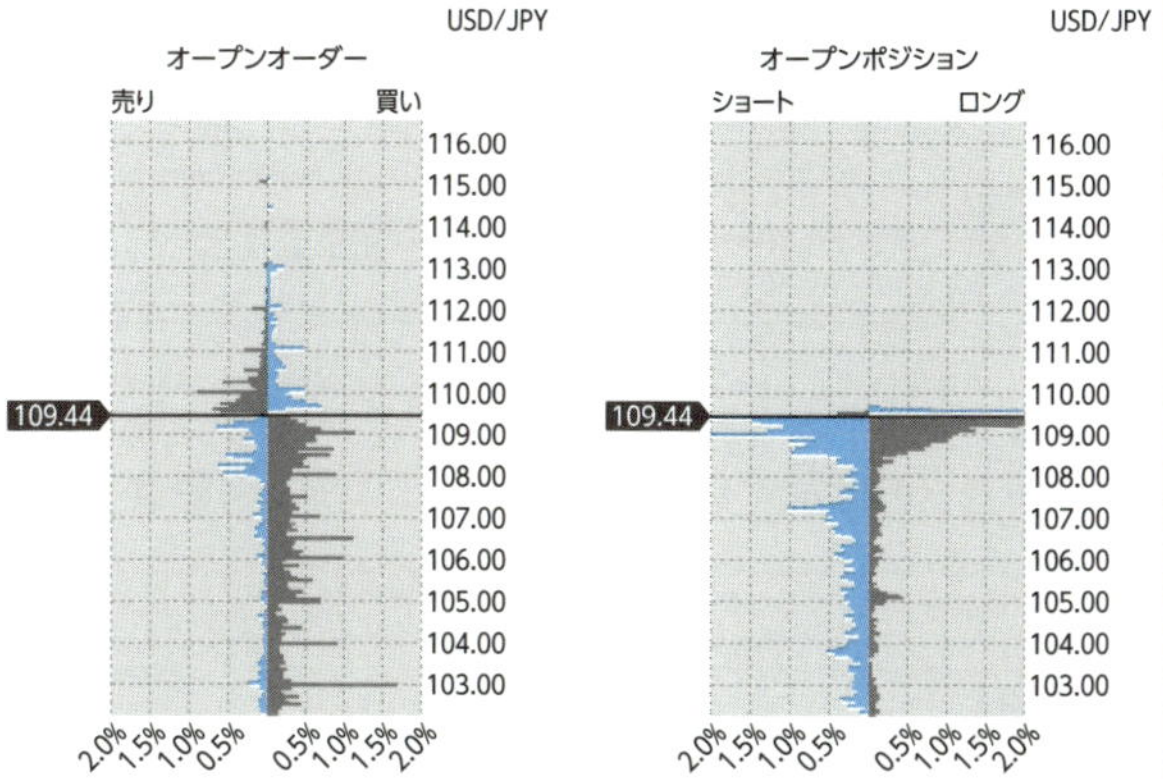

あります。

２０１４年9月29日もそうでした。

この日は朝から銀行との打ち合わせがあり、とても忙しい日でした。

朝、外出する前にチャートを見ると、８時前につけた１０９円51銭が天井になっていました。

この日は日経平均も朝から１００円ほど上昇していたので、米ドル／円も上昇が濃厚です。オアンダのオープンポジションを見ると下には含み損を抱えた売りポジションが多数あります。オープンオーダーでは１０９円台半ばから後半に買いの逆指値が多数見られました（上図）。

このふたつを合わせて考えると、「１０９円

取引の大まかな流れ

すべてスマホでOK!

1	日足チャートで長いトレンドを確認する
2	60分足チャートで今日のトレンドを確認する
3	時計を見て順バリ・逆バリを決める
4	オアンダ情報を見て取引シナリオを描く
5	チャートを見て売買ポイントを決める
6	5分足チャートを見て売買ポイントまで来たら発注する
7	決済を待つ

台前半での売り手の損切りが109円台半ばから後半に多数入っている」と考えられます。このまま日経平均が上昇して米ドル/円も上昇すれば、売り手の損切りにより上昇の勢いが強まりそうです。

そのトリガーとなるポイントは朝8時ころにつけた109円51銭でしょう。

そこで出かける前にこんなIFO注文を入れました。

新規買いの逆指値109円51銭
利益確定の指値109円71銭
損切りの逆指値109円41銭

この時点でFXのことはいったん忘れて打ち合わせに集中しました。

打ち合わせが終わって、スマホを確認すると無事に利益確定注文が約定していました。

オアンダ情報の活用方法まとめ

初心者にはオアンダのオープンオーダーって、とっつきづらさがあると思います。そこ

120円台後半の指値売り・逆指値買いに注目!

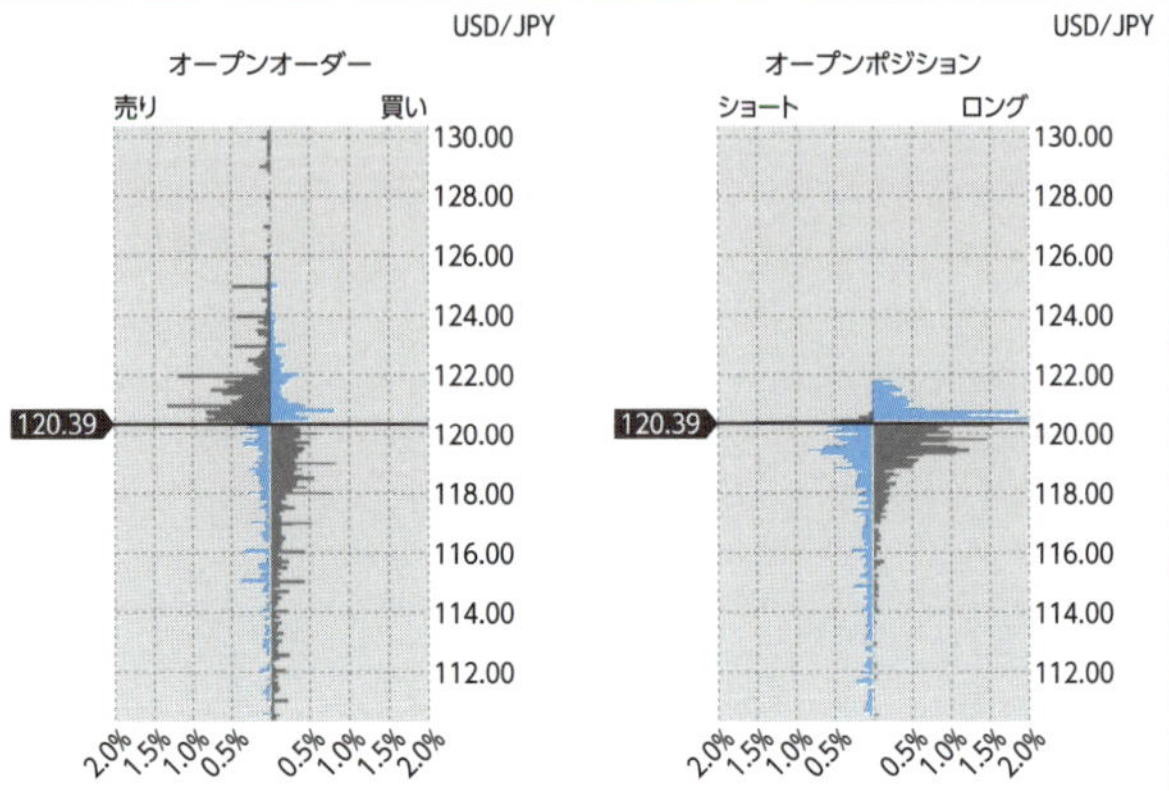

でいくつかの事例でもう少し解説しておきましょう。

上の図は2015年1月2日のオアンダ情報です。

このときのレートは120円39銭でした。

オープンオーダーを見てみましょう。

オープンオーダーでは、「ちょうど」の水準に注文が多く入っている傾向があります。

このときも122円ちょうどで指値の売りが1%を超えていますし、右下の指値の買いでは118円ちょうどや、そのうえ119円ちょうどのところに注文がたまっています。

もっとも多く注文がたまっているのは121円ちょうどよりも少し下あたりの指値売りです。1・5%近くまで注文が入っています。

予想通りに120円70銭まで上昇し反転

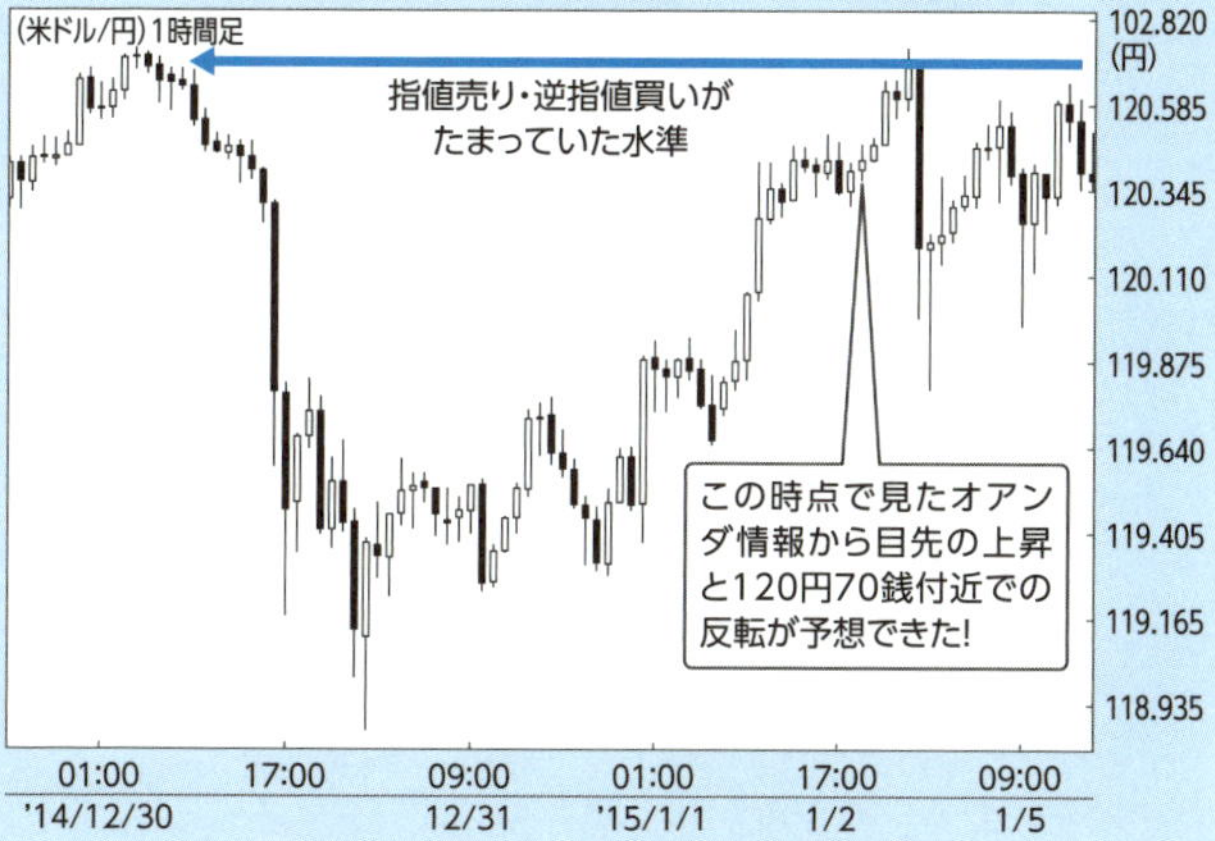

この指値がどこに入っているかと具体的な水準を考えるときにはチャートを見てみます。

すると、2日前の高値が120円70銭でした。1・5%近くまでたまっている指値の売りはこの高値を目安にして発注されたのではないかと想像できますよね。

同じくらいの水準には逆指値の買いも1%近くまでたまっています。

ということは、足もとは120円39銭ですが、指値売りも逆指値買いもたまっている120円70銭付近が目先のポイントになりそうだと考えられます。

さらにオープンポジションも合わせて考えると、もっと具体的なシナリオが描けてきます。

オープンポジションを見ると、右下の部分が目立ちます。119円あたりから買っている人が多いようです。この人たちは現在、含み益を抱えて強気になっているはずです。「少なくとも120円70銭を目指すのでは」と考えているかもしれません。

一方、オープンポジションの左側を見ると売り手は少ないようです。売りたいと思っている人は「もう少し上がったら売ろう」「120円70銭くらいまで上がったら売ろう」と考えているのでしょう。

ここからは、強気な買い手に引っ張られて目先は上昇しそうだけど、120円70銭の手前で反転するかもしれないなと、そんなシナリオが立てられますよね。

つまり、時間帯を見ながら順バリ時間に買って120円70銭手前で利益確定となります。もしも逆バリ時間なら120円70銭付近まで上昇してきたところで売り、120円70銭を上抜けてしまったら損切り、といった戦略になります。

直近の高値や安値は注文が置かれやすいポイントです。オアンダで実際にそうなっているか確認して、オープンポジションも合わせて見ることで市場参加者の心理状態を想像しながら、逆指値がたまっていればターゲットに定めてトレードしていくのは効率のいい方法だと思います。

先ほどのオープンオーダー、オープンポジションの前後のチャートも載せておきます（193ページの図）。

「急変後の朝8時台逆バリ」の公式を活用

時間帯の傾向として、ひとつ付け加えたいのが、**「相場が急変した翌日は朝8時台に逆バリ」**です。これって日本人の性格に合わせたアノマリーです。世界のさまざまな国の人が取引していますが、トレーダーの考え方には「お国柄」が表れます。

欧米勢だったら強気です。上昇していると見るや高値でもガンガン買っていきますし、下落トレンドだったら安値を恐れず売っていきます。

じゃあ**日本人の特徴はというと、「逆バリ好き」の「値ごろ感トレード」**です。

昨日まで120円だったのが、119円に下がれば、欧米勢なら「下がっているから売ってみよう」と考えるのですが、日本人は「1円も安くなったから買ってみよう」と反対に考える人が多いのです。

下がっているときに売る欧米勢は順バリだし、下がっているときに買う日本人は逆バリ

前日急変後は朝8時台に逆バリ&9時半までに決済

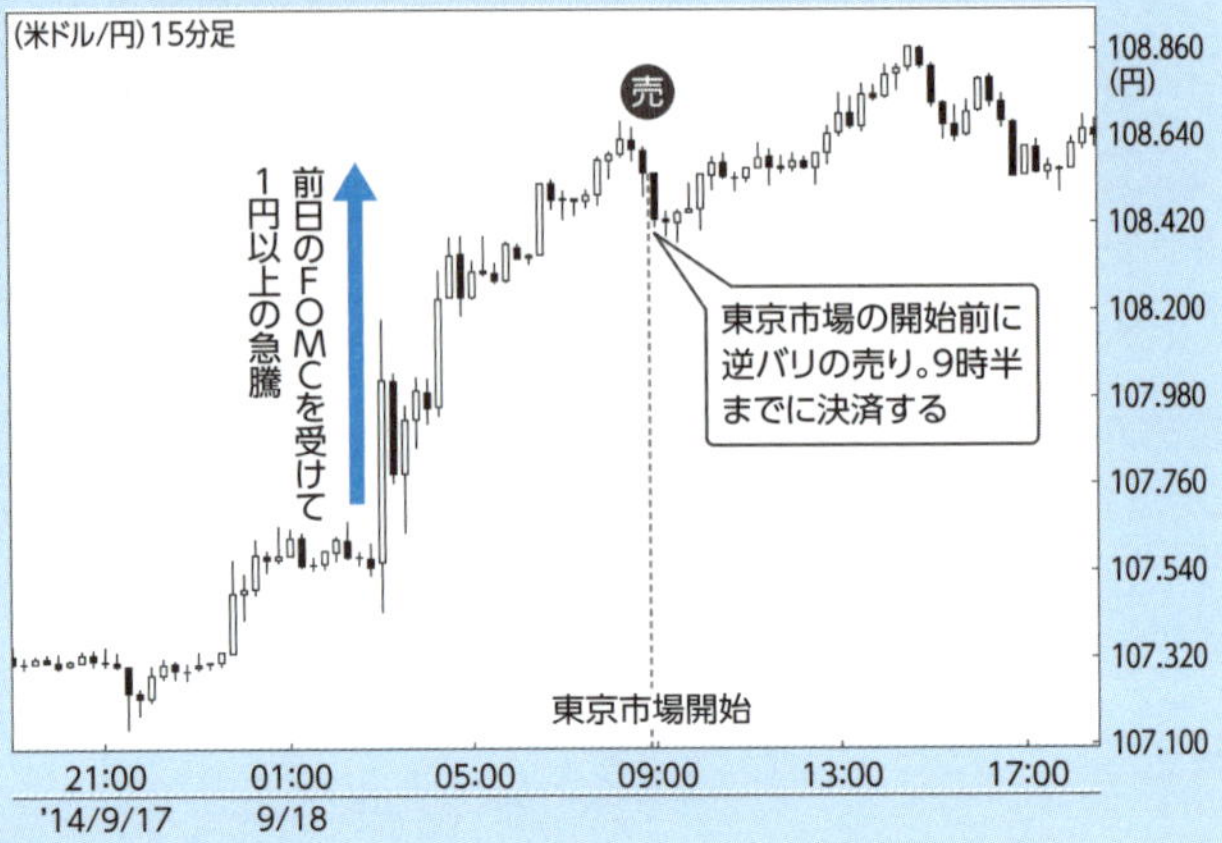

が特徴です。

じゃあ、もしも前日のニューヨーク時間で米ドル/円が大きく上昇していたら、翌日の日本人はどう取引すると思いますか？

前日の上昇に対する逆バリですから、売りで取引を始める人が多いと考えられますよね。

実際に僕も、前日に1円、2円と大きく動いた翌朝に逆バリすることがよくあります。上にある図のときもそうでした。

前日に1円以上、円安が進んだ翌、朝8時半ころに売りで入りました。値ごろ感で売りから入る参加者に便乗するわけです。

円安が進んだ翌朝は日経平均が上昇して始まることが多く、日経平均の上昇は円安材料にもされやすいのですが、そんなことは為替市場の参加者は重々承知しています。いわゆる「織り込み済み」というやつですから問題ありません。

それよりもそれに前日の上昇を見て、利益確定する東京市場の参加者も多いですから、9時からの20、30分は下落しやすい傾向があります。

このときも9時までは下がる気配はありませんでしたが、9時を回ると一斉に売られ始めました。30銭ほどの下落ですから、首尾よく利益確定できました。

こうした東京市場開始時直後の逆バリは9時半ころを目安に取引を終了します。トレンドに反した取引なので、早めの利益確定してください。

「相場が急変した翌日は朝8時台に逆バリ」の公式、ぜひ覚えておいてください。とくに東京市場が始まる9時までの値動きが硬直しているときほど、効果的だと思います。

損切りは直近の高値・安値やオアンダのオープンオーダーを参考にしてください。

オアンダ情報が通用しづらい時期がある

オアンダの情報はとても有効なのですが、使いづらい場面もあります。過去数年来の高

スカスカのオープンオーダーは役立たず

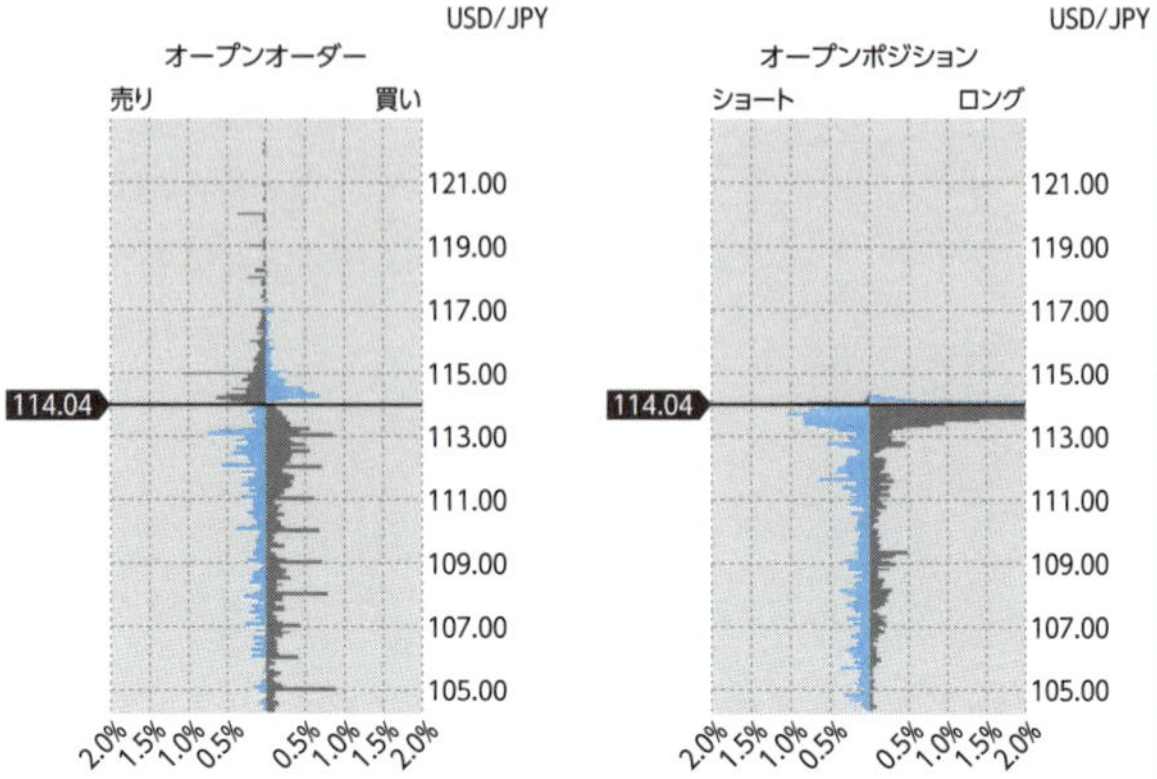

値や安値を更新していくような場面です。
最近だと２０１４年後半、日本銀行の追加緩和によって円安がぐんぐん進んでいった場面がそうでした。
そんなとき、オアンダの情報はどうなるかを示したのが上の図です。数日前に追加緩和が発表されて１ドル＝１０８円から１１５円まで、急激に円安が進んでいたときのオアンダ情報です。
右側のオープンポジションのグラフを見ると、上側はスカスカで何の棒も描かれていません。 当然ですよね。１１４円をつけたのは２００７年以来、７年ぶりの水準です。１１４円台でポジションを持っているのは７年間耐え続けた人だけですから、ほぼ皆無のはずです。

左側のオープンオーダーのグラフを見ても、やはり上半分には注文がごくわずかしか入っておらず、スカスカになっています。一本調子の上昇で売りの指値も買いの逆指値も多くが狩られてしまったためです。

こうした場面では、オアンダに頼らず黙ってトレンドに順バリでついていくのが正解です。

数年来の高値・安値水準を抜けて相場が急変しているときには、オープンオーダーはあまり参考になりません。そんなときは時間帯を参考にしながら、順バリでトレードしていきましょう。

外出時のイフダン〇C〇注文×オアンダ

過去数年来の高値・安値を更新してから数日経ってくると、だんだんと現在のレートの上下に指値・逆指値の注文がたまってきて、オアンダのオープンオーダーが再び役立ってくれます。

前日安値にたまった逆指値ブレイクを狙う

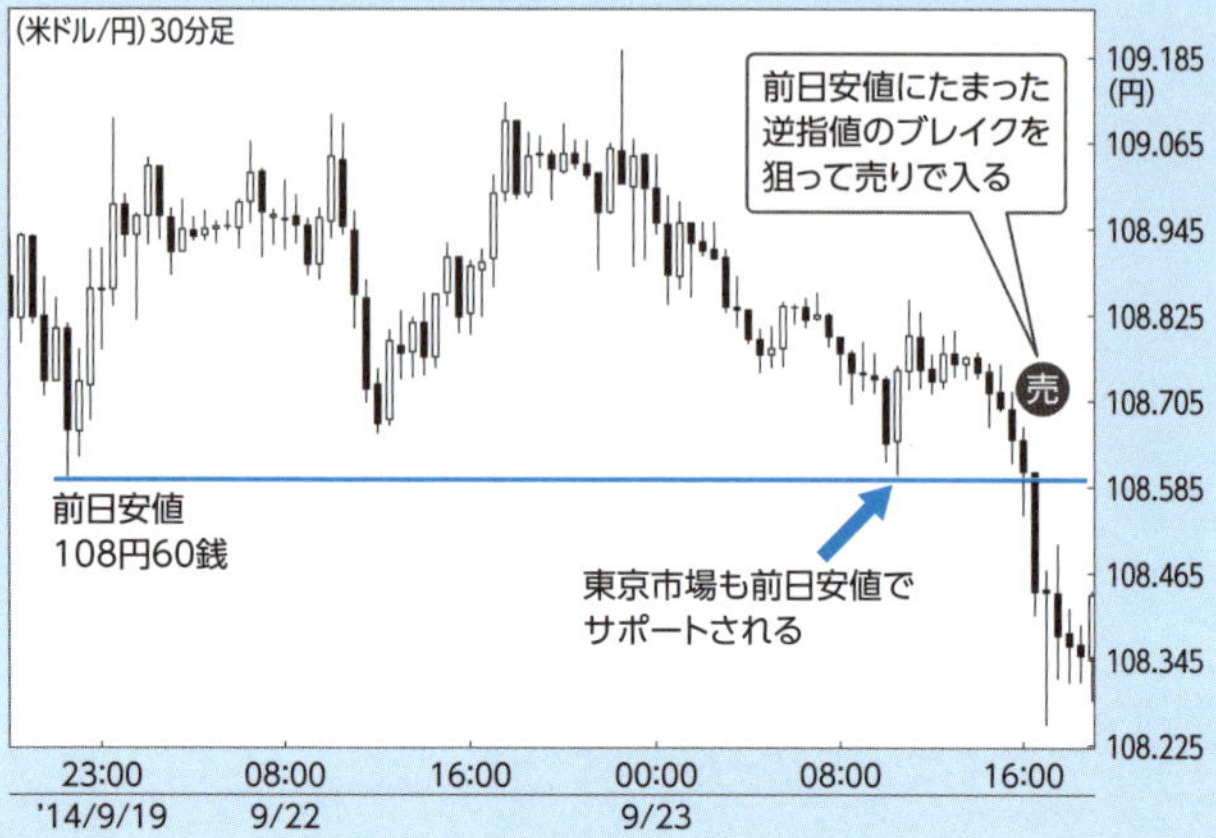

２０１４年９月、６年ぶりの高値を更新し円安が進みながらも１１０円手前で調整しているときのチャートが上の図です。**ここで注目したいのは前日安値の１０８円60銭です。この日の東京市場の安値もほぼ同水準でした。**

次に東京市場が閉まった直後のオープンオーダーとオープンポジション（次ページの図）を見ると、１０８円台半ばに逆指値の売りが１％近くまでたまっています。オープンポジションを見ると、１０９円台での買いが目立ちますから、高値を追って買っている人が多かったのでしょう。彼らの損切りが１０８円台半ばに入っているようです。

でも、この損切りの逆指値がいくらの水準

108円半ばの逆指値売りに注目!

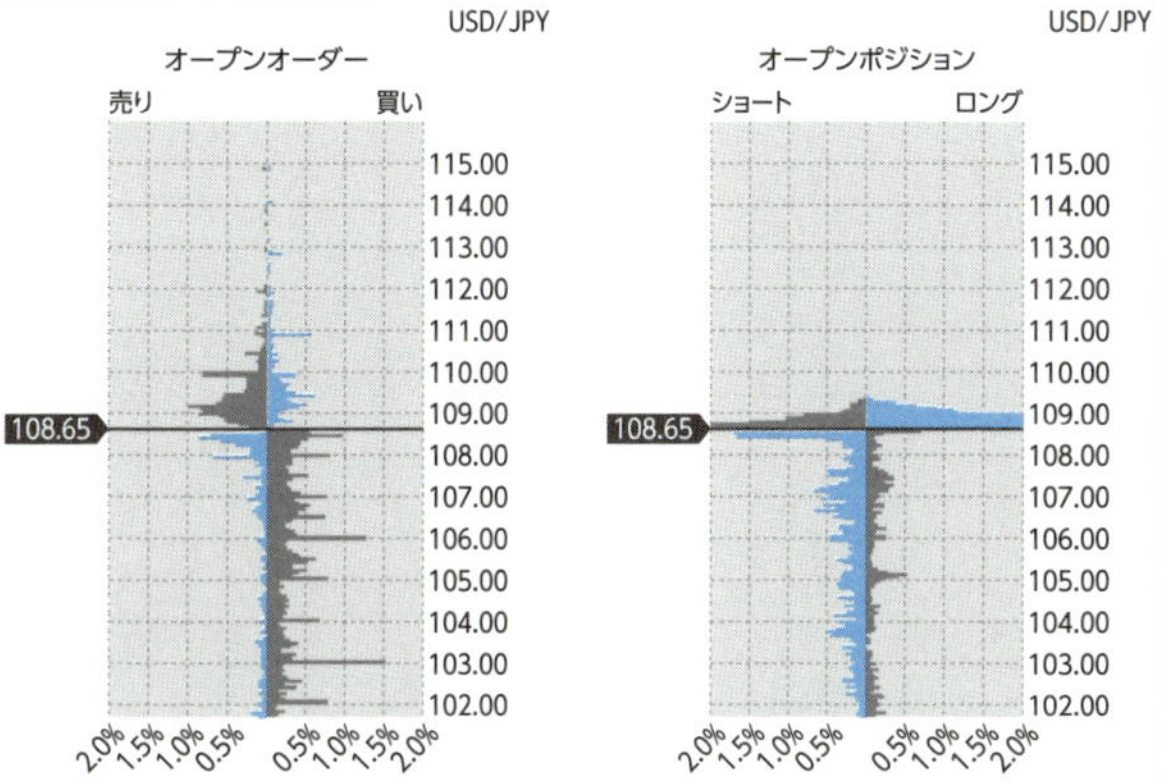

に入っているのか、オアンダのグラフでは細かなレートまではわかりません。

しかし、チャートを見れば前日安値の108円60銭の前後であることは間違いなさそうです。

さらに108円60銭より下の買い注文を見ると、108円ちょうどまではスカスカです。

ということは、前日安値108円60銭を割り込めば逆指値を巻き込みながら、108円台前半まで一気に下げそうだなと想像できますよね。

このとき、時間は16時、欧州時間が始まる順バリタイムでしたが、東京市場が上下20銭ほどのレンジ相場だったので、順バリや逆バリを気にせずに売り注文を入れることにします。

この日は外出が控えていたため、使ったのは新規・利益確定・損切りの3つの注文を一度に入れられるイフダンOCO注文です。「新規の売りを108円59銭に、利益確定の指値を108円44銭に、損切りの逆指値を108円69銭に」と発注しました。

欧州市場が始まるとすぐ、前日安値108円60銭を割り込んで40銭ほど下落しました。僕の利益確定は少し早すぎたことになりますが、外出中だと臨機応変な取引ができませんから、少し保守的なくらいの位置に指値を入れておくのがいいと思います。

オープンポジションから読める相場の方向性

もう少し日付を進めて10月初旬のオアンダの情報を見てみましょう。日銀の追加緩和による円安が一服しようとしていた時期です。

以前に「オープンポジションから相場の方向性が読める」と書きました。**トレードに直結するのは、オープンオーダーですがオープンポジションにも目配りしていると、投資家の心理が手に取るようにわかり相場の方向性を感じ取ることができます。**

買い手の苦境から下げを予測。節目は108円ちょうど

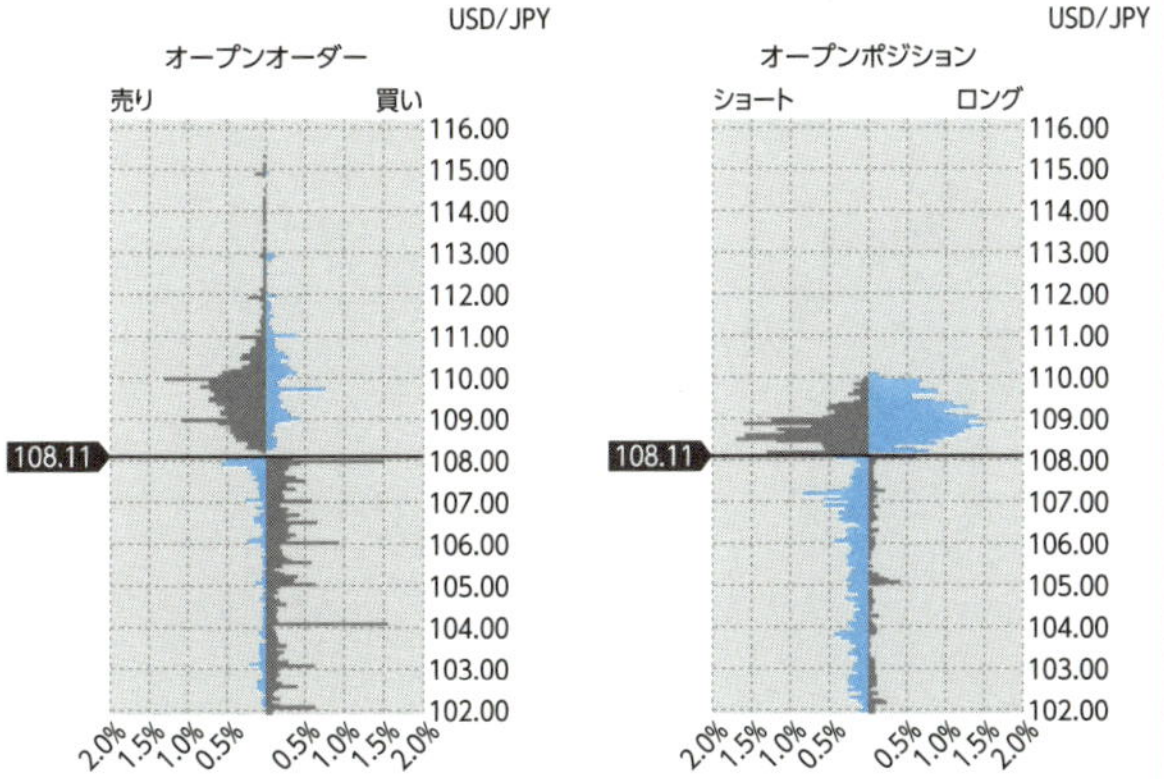

このときのオープンポジションとオープンオーダーが左図です。

右側のオープンポジションを見てみましょう。

オープンポジションのグラフは右側が買い手、左手が売り手を示し、縦軸がいくらで買ったか、売ったかを示しています。

真ん中が現在レートですから、右上は現在レートよりも高く買ってしまった人たち、つまり含み損を抱えた買い手です。右下は現在レートよりも安く買えた含み益の買い手です。

一方で左上は現在レートよりも高く売っている＝含み益を抱えた売り手で、左下は今よりも安く売れた含み損の売り手です。

このときのオアンダ情報を見ると、右上の

108円での反転を狙って20銭抜き

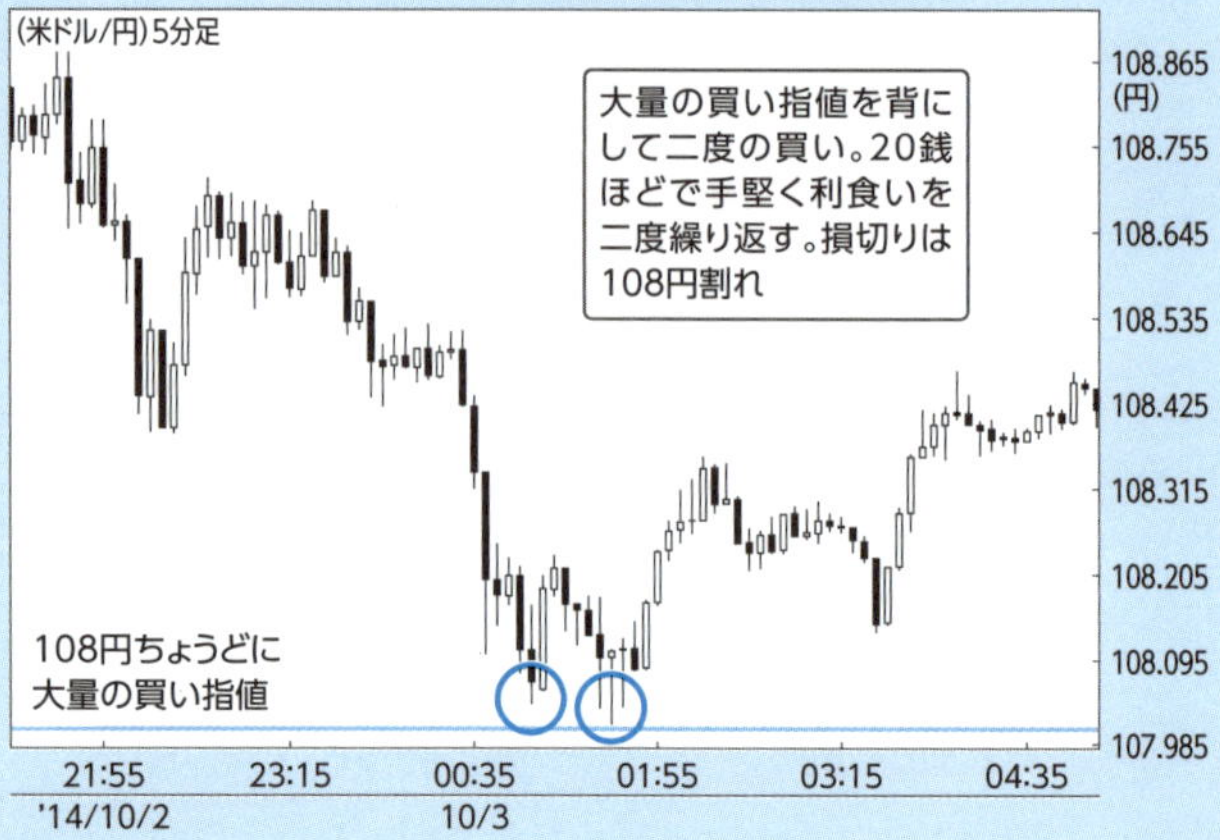

含み損を抱えた買い手が目立ちます。相場が急進してしるときに、高値を追いかけて買った人たちです。「もっと上がるだろう」と思って買ったのに、思惑ほどは上がらず含み損を抱えてしまっています。

一方で左下の含み損を抱えた売り手はさほど多くありません。むしろ左上の人たち、含み益を抱えた売り手も目立ちます。

このオープンポジションの状況からすると、売り手が優位な状況ですから、目先は下がりそうだと予測できます。

では、下落が始まるトリガーはというと、含み損を抱えた買い手の損切り注文の発動ですよね。それがいつ始まるか、教えてくれるのはもちろんオープンオーダーです。

そこで今度はオープンオーダーに目を移すと、108円ちょうどが節目となりそうです。ここには買い手の損切り注文もたまっていますが、それ以上に買い指値が目立ちます。ということは「目先は下がりそうだけど、108円を割るのは難しそうだ」と考えられますよね。

そこで108円ちょうど付近まで下げてきたら買いだと戦略を立てるわけです。

このあとどうなったかというと、108円07銭で買い、108円20銭で利食ったあと、ふたたび108円ちょうど付近まで下げてきたのでまったく同じような取引を繰り返して、2度の取引ができました（右図）。

損切りするとすれば、もちろん108円を割ったところですから、10銭足らずのリスクです。小さなリスクで効率よくトレードができるポイントでした。

このように時間帯・需給分析・テクニカル分析の3つの武器を使えば、皆さんも立派な常勝トレーダーになれます。

あとがき

この本を通して、ＦＸに親しみをもってもらえましたでしょうか？この手法で、実際に上げた収益は以下の通りです。
２０１１年　１００２万円
２０１２年　７４６万円
２０１３年　３５５万円
２０１４年　７５７万円
市場は刻一刻と変わっています。まるで、生き物のようです。２０１２年のアベノミクスが到来するまでは、レンジ相場が多かったのです。
しかし、ある日相場環境は一変しました。
負け続けた日々。その中から、本書で触れた時間帯など、色々なことを学びました。その苦渋の日々が、収益の結果にも現れていると思います。
僕の収益は、専業トレーダーとしては、そこまで高くない数字かもしれません。ですが、片手間にやる「副業」としては、悪くはないのではないでしょうか？
今回紹介したＦＸは、数多くある投資商品の一つです。現代社会は、資本主義で成り立っており、このルールを知っている者が圧倒的に有利です。僕は、このルールを「経済や金融の知識」だと思っています。

欧米では、小学生から義務教育の中に「パーソナルファイナンス」といわれる、「お金の授業」が組み込まれています。これからグローバル化がすすみ、ますます競争が激しくなる中、社会の根底のルールを学ぶことを疎かにする人達は、置いていかれることでしょう。

僕は、世界を旅した上で、日本という国がやっぱり一番好きです。この国のためになにかできるよう、自分のバックグラウンドを活かして、日本人の金融リテラシーの向上に何か役立てたらと考えています。本書をきっかけに、経済・金融に興味を持っていただけたら幸いです。

さあ、そろそろ時間が差し迫ってきましたね。外国為替市場に繰り出す時間です。一歩市場に出れば、皆さんは共に戦う仲間であり、また手持ちの資金を奪い合うライバルでもあります。

それでは、市場でお会いしましょう。

Ｇｏｏｄ ｌｕｃｋ!!

田畑昇人

田畑昇人（たばた・しょうと）

トレーダー／パーソナルファイナンス講師。東京大学大学院・総合文化研究科在学中。大学3年生の時にFXを始め、元手を溶かす手痛い経験をバネに独自の分析&研究を開始。時間帯の特性やオアンダによる需給分析、テクニカル分析を駆使した独自のトレード法を確立し、勝率7割を超える常勝トレーダーに。最近では日本人の金融リテラシーを高めるべく、精力的にセミナーも開催している

東大院生が考えたスマートフォンFX

2015年 2月16日　初版第一刷発行
2015年11月10日　　第十刷発行

著　　者　田畑昇人
発 行 者　久保田榮一
発 行 所　株式会社　扶桑社
〒105-8070
東京都港区芝浦1-1-1　浜松町ビルディング
電話　03-6368-8875（編集）
03-6368-8858（販売）
03-6368-8859（読者係）
DTP 制作　株式会社 Office SASAI
印刷・製本　サンケイ総合印刷株式会社

デザイン　panix
構　　成　高城 泰（ミドルマン）
編　　集　浜田盛太郎
図　　版　ミューズグラフィックス

ISBN　978-4-594-07206-3